新時代の浄土真宗

浄土真宗本願寺派総合研究所
浄土真宗本願寺派情報メディアセンター本部 編

PHP

はじめに

二〇二三年は親鸞聖人《しんらんしょうにん》のご誕生から八百五十年、また、翌二〇二四年は浄土真宗が開かれてから八百年という記念すべき節目であります。浄土真宗本願寺派（西本願寺）では、「親鸞聖人御誕生八百五十年・立教開宗八百年慶讃法要《きょうさんほうよう》」をお勤めいたします。

このたび、この法要を機縁として、念仏者として生きる意義を再確認するとともに、仏法が現代社会の問題やこれからの時代にどう貢献していけるのか、その可能性を示し、これまで仏教にご縁のなかった方をはじめ、広く宗門内外に発信するため、本書『新時代の浄土真宗』の発刊を企画いたしました。

本書は三部構成となっており、第一部では、西本願寺第二十五代大谷光淳《こうじゅん》（専如《せんにょ》）門主《もんしゅ》が示された「念仏者の生き方」、「私たちのちかい」、新しい「領解文」（浄土真宗のみ教え）をいただき、念仏者である私たちが、人びとの苦しみに共感し、積極的に社会にかかわっていく姿勢を表します。

第二部では、その基本姿勢のもと、現在に至るまで宗門が取り組んできた、平和、いのち、環境など、さまざまな社会課題に対する現状と、課題を通して仏法に基づき、自他共に心豊かに生きることのできる社会の実現への貢献について考えます。

第三部は、宗教学者として強い発信力と影響力のある釈徹宗《しゃくてっしゅう》さん、評論家・コメンテーターとしてさまざまなメディアで活躍する宮崎哲弥《みやざきてつや》さんをお招きし、これからの時代において仏教・浄土真宗が果たしうる意義や可能性、期待、要望から、仏教・真宗が各界と協働し何を成しえるのか、これからの時代の念仏者に求められることについて学びを深めていきます。

本書が、これからの時代の宗教を考え、仏法とともに生きるひとつの指針になれば、望外の喜びです。

新時代の浄土真宗　目次

はじめに　1

第一部　み教えに生き方を問い聞く

満井《みつい》秀城《しゅうじょう》

第一章　「生き方」を課題とすることの意味と意義

浄土真宗という生き方　14

他人と比べない幸せ　20

内面から変わっていくもの　21

悪をつつしむ身へ　23
返しても返しきれない　26
煩悩の暴走を止めるもの　28
「南無阿弥陀仏」のはたらき　30

第二章　ご門主の教示

第一節　「念仏者の生き方」に学ぶ　32

仏教が伝えること　36
ありのままの姿　38
真実に気づかないのはなぜか　40
親鸞聖人の求道　41
生き方が変えられる　44
煩悩とともに歩む　46
現代社会の課題　48

着実な歩みへと 50
第二節 「私たちのちかい」に学ぶ 51
第三節 新しい「領解文」(浄土真宗のみ教え)に学ぶ 64

第三章 「生き方」を問うとは?

「非僧非俗」の生き方 76
過去の先人たちの営みを知る 78
「出家主義」ではないことの意味――第二部への橋渡しとして 80

第二部　宗門のいま

序にかえて――「ともに」と「まま」から考える仏教の実践　藤丸智雄《ふじまるともお》　84

屋根を修理する僧侶たち　84
「ともに」という言葉　86
実践は死後にも続く　87
「まま」という言葉　89
「ありのまま」の仏教的な意味　92
諸行無常という「ありのまま」　93
基準を求めつづけてやまない心　95
自ら作り出す価値観に縛られる　96
「死にたい」というありのまま　97
方言となった仏教語　100

地球の未来のために、私たちができること
――環境問題といかに向き合うか　髙橋一仁《たかはしいちじん》　103

地球温暖化問題の現状　103
なぜ地球温暖化の解決は難しいのか　105
私たちにできることと、お寺の役割　108
おわりに　109

同性婚と浄土真宗の歴史　藤丸智雄　111

同性婚をめぐる動向　111
同性婚に関するアメリカ浄土真宗の先進的取組　113
ジョージ・タケイさんの同性婚　114
十方衆生の倫理　116
築地本願寺でのパートナーシップ婚　118

孤独死を問い直す——望まぬ孤独と、〝宗活〟のすすめ　加茂順成《かもじゅんじょう》　120
すぐそばにある孤独死　120
孤独死の何が問題なのか？　121
都会と田舎、どちらが孤独？　122
独居高齢者を見守る寺院・僧侶　123
孤独死対策としての「終活」　124
〝宗活〟で孤独感をやわらげる　127
自死・自殺の苦悩に関わる現場から　安部智海《あべちかい》　129
浄土真宗本願寺派の取り組み　129
認定ＮＰＯ法人 京都自死・自殺相談センター（愛称Sotto）　132
仮設住宅居室訪問活動のこと　133
浄土真宗本願寺派の社会貢献とは　136

「ドキュメンタリー沖縄戦」に込められた願い

――世界の恒久平和をめざして　香川真二《かがわしんじ》　139

「ドキュメンタリー沖縄戦」の反響　139

託された願い　140

沖縄の方々との出会い　141

平和を願い、ともに歩む　144

語り継いでいくということ　146

自他共に心豊かに生きることのできる社会へ　148

平和に向けた宗門の歩み　冨島信海《とみしまのぶみ》　150

浄土真宗と「平和」　150

戦争協力　151

戦後の取り組み　152

戦後五十年～「戦後問題」への取り組み　153

戦後七十年～「平和」を語り継ぐために　154

小結　158

子どもたちの笑顔のために――貧困克服に向けた歩み　岡崎秀麿《おかざきひでまろ》　161

基幹運動から実践運動へ　161
貧困の克服に向けて　165
実践目標と具体的な活動　169

これからの葬送儀礼　溪《たに》　英俊《ひでとし》　172

お葬式は要らないのか？　172
浄土真宗のお葬式とは　175
亡き人をご縁として　179
これからの浄土真宗のお葬式　180

結びにかえて――「つながり」を問い返していくために　寺本知正《てらもとともまさ》　182

第三部

これからの時代における仏教、浄土真宗が果たしうること(鼎談)

伝灯奉告法要 ご親教「念仏者の生き方」に見るこれから取り組むべきこと 193
仏教者、念仏者らしい自己抑制が大きな意味を持つ 200
社会の隅々に入り込んでいく気風を持った宗派 208
時代に即した新しい中間共同体 重所属できるコミュニティへ 216
孤独にも耐えうる「個」の強い心を育てていく 222
世間を相対化する、異物性を失わない 浄土真宗の考え方こそ仏教の本義 225
仏教徒が連綿と抱くゆるやかな同盟が 戦いを阻み平和を育む 230
ＳＤＧｓ、経済成長と格差、山積する問題にどう対処すべきなのか 237
ご先祖に思いをはせ これから生まれる生命に心を延ばす それが人間の責務 239

本文中、『浄土真宗聖典（註釈版）第二版』（本願寺出版社）の引用につきましては、『註釈版聖典』と略記しております。

第一部

み教えに生き方を問い聞く

——満井《みつい》秀城《しゅうじょう》

第一章

「生き方」を課題とすることの意味と意義

浄土真宗という生き方

浄土真宗においては、私たちの生活規範について、「〜でなければならない」と規定するものはありません。しかし、念仏者が何も変わらないのかというと、決してそうではないでしょう。ある青年が、こんなことを言っていました。「うちのお婆ちゃんは、よくお寺にお参りしているのに、家ではお母さんにひどく当たる。だから僕は念仏が嫌いだ」と。息子さんにとっては、お母さんへの身びいきがあるかも知れませんが、それを差し引いても、とても考えさせられる話です。

念仏者となっても、何も変わらないのでしょうか。確かに「煩悩具足《ぼんのうぐそく》」の身であることは、死ぬまで同じでしょう。「具足」とは、何ひとつ欠けることなく、すべて持ち合わせているということです。つまり、私たちは、「煩悩」と名のつくものは、すべて持っているということで、言わば「煩悩の総合デパート」です。宗祖親鸞聖人の『一念多念文意《いちねんたねんもんい》』というお書物に、

無明《むみょう》煩悩《ぼんのう》われらが身《み》にみちみちて、欲《よく》もおほく、いかり、はらだち、そねみ、ねたむこころおほくひまなくして、臨終《りんじゅう》の一念《いちねん》にいたるまで、とどまらず、きえず、たえず

（『註釈版聖典』六九三頁）

わたしどもの身には無明煩悩が満ちみちており、欲望も多く、怒りや腹立ちやそねみやねたみの心ばかりが絶え間なく起り、まさに命が終ろうとするそのときまで、止まることもなく、消えることもなく、絶えることもない

（『一念多念文意（現代語版）』三七頁）

とお述べになるとおりです。しかし、本当に、何も変わらないのでしょうか。法然聖人《ほうねんしょうにん》は、ご自身のことを、「極悪最下の凡夫《ぼんぶ》」と仰っていますが、客観的には、そんなはずはありません。

本願寺の第八代宗主・蓮如《れんにょ》上人の語録である『蓮如上人御一代記聞書』の中に、

尼入道《あまにゅうどう》のたぐひのたふとやありがたやと申《もう》され候《そうろ》ふをきいては、人《ひと》が信《しん》をとる

(『註釈版聖典』一二六二頁)

文字も知らない尼や入道などが、尊いことだ、ありがたいことだと、み教えを喜ぶのを聞いて、人々は信心を得るのである

(『蓮如上人御一代記聞書(現代語版)』六八頁)

とのお言葉があります。念仏を喜ぶ、その姿を他人が見た時、「お念仏とは、なんと尊い生き方なんだ」と感銘を与え、それが、人々に信心を届けるはたらきになるということを述べておられます。

先ほどの親鸞聖人の言葉に戻して考えてみますと、親鸞聖人は、ご自身のことを、極め

て厳しく見つめる方でした。仏さまの真実に気づいた身としては、自らのいたらなさ、恥ずかしさに悲歎せざるを得なかったのです。

主著である『顕浄土真実教行証文類《けんじょうどしんじつきょうぎょうしょうもんるい》』（『教行信証』とも通称）は、阿弥陀仏《あみだぶつ》のはたらき（仏力・仏徳）を、ほめ讃えることを目的に書かれていますから、私たち衆生の側（機受）の記述は多くないのですが、それでも、例えば、「信文類」には、「現生十益」として、信心恵まれた者の利益について、次の十種を述べておられます（『註釈版聖典』二五一頁）。

・冥衆護持《みょうしゅごじ》…「冥衆」とは、直接的には「天地の神々」を指しますが、「冥」は「暗い」という意味ですから、私たちの目に見えないものと言えるかも知れません。私たちは、何か原因のわからない不幸に出合うと、「罰ではないか」、「祟りではないか」と、目に見えないもののせいにして怯《おび》えてしまいますが、迷信を含め、そういうものへの恐怖に怖れる必要はないという利益です。

科学が発達している現在でも、「〝4〟は縁起が悪い」、「友引に葬式をしてはいけない」などの迷信に縛られています。そういう迷信に縛られないのも念仏者の特権です。

・**至徳具足**《しとく》…念仏者は、阿弥陀仏の救いのはたらきによって念仏申す身になれたのですから、そこには自ずと阿弥陀仏の、この上ない功徳《くどく》が備わっています。

・**転悪成善**《てんあくじょうぜん》…私たちは、自分で悪を消すことはできませんが、阿弥陀仏のはたらきによって、善へと変え為されます。

・**諸仏護念**《しょぶつごねん》…念仏者は、あらゆる仏に、つねに護られています。諸仏にとって、阿弥陀仏はまことに尊いからです。

・**諸仏称讃**《しょうさん》…念仏者のことを、あらゆる仏が、ほめ讃えてくださいます。諸仏は阿弥陀仏を讃え、阿弥陀仏のはたらきが私を通して活動しているからです。

・**心光常護**《しんこうじょうご》…念仏者は、常に阿弥陀仏の光のはたらきによって護られています。普段、このことを実感するのは少ないかも知れませんが、例えば、悲しい時や、つらい時、あるいは腹が立った時などに、お仏壇のまえで静かに手を合わせると、なぜか心が和《やわ》らぐ、そういう経験をお持ちの方も多いかと思います。私たちにとって、安らぎの居場所が、このお慈悲の中なのです。

・**心多歓喜**《しんたかんぎ》…念仏者には、歓喜の心が恵まれます。

・**知恩報徳**《ちおんほうとく》…念仏者は、阿弥陀仏の広大なお徳に気づかせていただくのですから、それに報いる報謝の身へと育てられます。私たちの欲望には限りがありませんから、いつまでたっても「あれが足りない」、「あれが欲しい」という不平・不満の毎日ですが、ご恩を知る身に育てられることによって、「ありがたい」、「もったいない」という日々に変わるのです。

・常行大悲《じょうぎょうだいひ》…私たちは、日頃、自分勝手で自分中心の生き方しかできませんが、念仏申すことで、念仏の尊さを体現し、阿弥陀仏のような大慈悲のはたらきをさせていただくのです。

・入正定聚《にゅうしょうじょうじゅ》…念仏者は、いつまでも永久に迷い続けるのではなく、この世の命を終えた時には、必ずさとりを得るという安心が恵まれます。

このように、念仏者には、この身この世において、多くの利益が恵まれると言われています。ただし、世間でイメージされているような、いわゆる現世利益ではありません。なぜなら、いわゆる現世利益の多くは、自分中心の欲望充足を目的としていることが多いからです。自分の望む幸せは、えてして他人と比べた上で感じているものです。ある人の譬《たと》えに、次のような話がありました。その人は別の内容で使っておられましたが、私には、この場面のほうが適切かと思い、次の譬えに用います。

他人と比べない幸せ

宝くじを一枚買ったところ、十万円が当たりました。思わぬお金が入ったので、「おごってあげる」と言って、会社の同僚を誘って夕食に行きます。

上機嫌で一杯やっていたら、同じ会社の同僚が、たまたま同じお店に来ました。「君も来たのか。ま、一緒にやろう」と途中から同席しました。後から来た彼は、この席がどういういきさつで集まっていたのかは知りません。合流して一時間くらいが経ち、そろそろ帰ろうかとなった時、後から合流した人が、こう言いました。「今日はいいことがあったから、ここは全部僕がご馳走する」と言うのです。「どんないいことがあったのか」と皆が聞きますが、なかなか本当のことを言いません。それでもしつこく聞かれ、お酒も入っていたので、ついに本当のことを言いました。「実は、宝くじで一千万円当たったんだ」。

これを聞いた十万円当たった人は、酔いがいっぺんに醒《さ》めました。そして、今度はその人を問い詰めます。「どこで買ったんだ」、「いつ買ったんだ」と。すると、同じ会社の人ですから同じ売り場で、それも一日違いの日でした。そう聞くと、思わず「損をした」とつぶやいたそうです。

よく考えると、その人は決して損はしていません。十万円当たったのですから。でも目の前に一千万円当たった人を見ると損をした気になるのです。これが、自分の幸・不幸を、他人と比べている姿です。

他人と比べた幸せは、つねに他人の不幸を前提としています。例えば、「合格祈願」は、わが子・わが孫の合格を願っていますから、必然的に他の受験生の不合格を願っていることになります。

つまり、他人を泣かせる幸せを望んでいるのであって、これは本当の幸せではありません。本当の幸せとは、すべての人が等しく享受できるものでなければならないはずです。それが、浄土真宗本願寺派の宗制（教団において、きわめて重要かつ原則的なものを示した根本規則）では、「自他共に心豊かに生きることのできる社会の実現に貢献する」と書かれているゆえんです。

内面から変わっていくもの

自分中心ということについて、もう一つの例を考えてみます。

私たちは、すべての存在の価値を平等に見ることができません。自分にとって損か得か、好きか嫌いか、役に立つか立たないかという見方しかできないでいます。

夏目漱石の有名な『草枕《くさまくら》』の冒頭に、次の文章があります。「智に働けば角《かど》が立つ。情に棹《さお》させば流される。意地を通せば窮屈だ。とかくに人の世は住みにくい」、「住みにくさが高じると、安い所へ引き越したくなる」と続きます。自分が苦しんでいるのは、周囲に原因があると考えるから、引っ越しがしたくなるのです。しかし、『草枕』では、「どこへ越しても住みにくい」とあります。引っ越し先でも、また同じように苦しむことになると言うのです。それは、隣の人が追いかけてきたのではありません。自分にとって都合が良いか悪いかという、自分中心の思いを持っている限り、必ず自分にとって都合の悪い存在があるということです。つまり、自分中心の心があることによって、苦しむ必要のないことまで、苦しみ続けねばならなくなるということです。

浄土真宗の実践は、「〜しなければならない」と規定するものではありませんが、念仏者に自ずと備わる徳風が、人々には好ましく映るのです。これを昔から、「つつしみ」や「たしなみ」と言ってきました。

浄土真宗の教義の中で、大きな特徴でもある「悪人正機《しょうき》」について、とかく、「凶悪犯罪を助長するのではないか」といった誤解がなされることがあります。しかし、決してそうではありません。「悪人正機」とは、仏の側からご覧になって、「悪人を放っておけない」という悲痛な叫びであって、「悪人」である私たちが、「だったら、悪いことをした方がいいんだ」と受け取ってはいけません。私が悪人であるがゆえに仏を困らせていたことに気づいたら、「もっと困らせてやろう」と思うでしょうか。「もうこれ以上、困らせることはすまい」という気持ちになるはずです。こういう内発的な変革こそが「つつしみ」や「たしなみ」です。これは、法律や道徳が外から縛るものであるのに対して、内側から変わっていくものです。そこに、念仏者ならではの強みがあります。言わば、「悪人正機」の社会性とでも言うべきものです。

悪をつつしむ身へ

法然聖人のお言葉に、

悪人までをもすて給はぬ本願としらんにつけても、いよいよほとけの知見をば恥づべし、悲しむべし。父母の慈悲あればとて、父母の、まへにて悪を行ぜんに、その父母よろこぶべしや。なげきながらすてず、あはれみながらにくむ也。ほとけも又もてかくのごとし

（『和語灯録』）

（悪人さえもお見捨てにならない、阿弥陀仏の本願であることを知らせていただくにつけて、阿弥陀仏は、いつもご覧になっていることを思えば、ますます、自らのあり方を恥じ、悲しまないわけにはいかない。例えば、慈愛深い両親だからといっても、その両親の目の前で悪事を行って、はたして喜ぶだろうか。歎くに違いなく、それでも見捨てないだろう。また、普段は大切に思ってくれていても、悪行については許せない思いのはずだ。阿弥陀仏の思いも、まったく同じである）

とあります。両親の慈愛に触れた時、私たちの行動が変わります。仏の慈悲心に触れた時も、わざと悪事をはたらこうと思うはずはなく、悪をつつしむ身へと変わるのです。

この法然聖人のお言葉の中に、「仏の知見」という語があります。現代社会、特に都会では、至るところに防犯カメラが設置されています。証拠能力の点において、この防犯カメラは、今や必需品となっています。しかし、見方を変えてみたら、現代人は、他人の見ていないところでは、何をするかわからない人たちが溢れているということでもあるでしょう。防犯カメラしか抑止力がない時代なのかも知れません。「仏の知見」という視点が、今の時代こそ、ますます重要な気もします。

『歎異抄』には、

さるべき業縁のもよほさば、いかなるふるまひもすべし　（『註釈版聖典』八四四頁）

とのお言葉もあります。私たちは、「縁に触れたら何をするかわからない」という危うさを的示されているのです。

法然聖人の言行を覚如《かくにょ》上人（本願寺第三代宗主）がまとめた『拾遺古徳伝《しゅういことくでん》』の中に、極悪人であった耳四郎《みみしろう》と法然聖人とのエピソードを述べられた後に、「いまのときの道俗、たれか耳四郎にことならんや（今の時代の出家の者も在家の者も、みな耳四郎と同じである）」と覚如上人が述べておられます。どうして同じと言えるのかということを、

造るも造らざるも罪体なり。思ふも思はざるも、ことごとく妄念なり

と言われるのです。マムシやハブは、咬んだから毒蛇なのではありません。咬もうが咬むまいが、マムシは毒蛇です。私たちも、悪いことをしたのが悪人で、しないのが善人というような、単純なものではありません。縁に触れたら何をするかわからない同じものを、

みな持っているということです。

しかし、また、そのことに気づいている人と、そうでない人とは、自ずと行動が違います。例えば、ガソリンスタンドで給油中、「ちょっと一服」と思って、タバコにライターで火をつけようとしようものなら、店員がとんできます。ガソリンは引火しやすいことを知っている人と知らない人とでは、自ずと行動が違うのです。「縁に触れたら何をするかわからない同じものを持っている」ことに気づいている人と、気づいていない人とでは、自ずと行動が異なってきます。それが、「つつしみ」であり、「たしなみ」です。

返しても返しきれない

『蓮如上人御一代記聞書』には、

たしなむ心《こころ》は他力《たりき》なり

（『註釈版聖典』一二五〇頁）

と示されています。この「たしなみ」は、阿弥陀仏の仏力・他力のはたらきによっているのです。「他力本願」という用語にも、いつまでも誤解が絶えません。しかし、「他力」とは、「自分では何もしない怠慢に安住する論理」なのではありません。むしろ、返しても返し切れないご恩に報いるには、不断の精進でなければならないという積極性と厳しさがあるのです。

また、同じく『蓮如上人御一代記聞書』には、

弥陀《みだ》をたのめば南無阿弥陀仏《なもあみだぶつ》の主《ぬし》に成《な》るなり

（『註釈版聖典』一三〇九頁）

とのお示しもあるように、私たちの不実な煩悩を主とするのではなく、南無阿弥陀仏を主とした生き方を送るのが念仏者です。

法然聖人は、

煩悩をまら人（客人）とし、念仏を主とするように

（『和語灯録』）

と述べられています。煩悩は死ぬまで居座り続けますけれども、しょせん客人に過ぎないのですから、主客を取り違えてはなりません。

煩悩の暴走を止めるもの

仏教で言う「六神通《ろくじんずう》（仏や菩薩《ぼさつ》が持つ、すぐれた智慧に基づいた活動能力）」の一つに、「漏尽通《ろじんつう》」があります。「漏」とは煩悩のこと。日ごろ私たちは、煩悩をたれ流していますが、たれ流す状態を、「漏《も》れる」と表しているのです。この煩悩をなくす神通力が、「漏尽通（漏を尽くす神通力）」です。六つの神通力の内、他の五つ、「天眼通《てんげんつう》」などの大きな力を獲得したとしても、煩悩の手先となってしまったら、この神通力は、かえって災いをもたらします。だから「漏尽通」が不可欠なのです。

現代は科学が発達し、私たちは、多くの恩恵を受けています。しかし、その科学も、煩悩の手先となったとたんに、災いの元へと転落するのです。

ノーベル賞で有名なA・ノーベルは、ダイナマイトという大発明をしました。それまで、山を崩す時には人力に頼るしかなく、落盤事故や転落事故などによって、多くの尊い人命が失われていました。それが、ダイナマイトの発明によって、一回の発破《はっぱ》で山が崩れ、時間も大きく短縮され、何よりも、多くの人命が救われたのです。ところが、この科学文明の利器も、武力に転用され、煩悩の手先になったとたんに、人々に災いをもたらすこととなったのです。そのため、現在のノーベル賞には、「平和賞」という、人類の平和に貢献した人に贈る賞が、わざわざ創出されたと言われています。「核武装」もこれと同様でしょうし、「地球の温暖化」も、便利で快適を求めたために、過剰な電力需要を生み、それが大量の二酸化炭素の排出に至ったと考えられています。

「南無阿弥陀仏」を主とする生き方によって、煩悩の暴走を止めなければなりません。これこそが、科学の発達した現代ならではの課題であり、私たちの煩悩に対して、内側からブレーキをかけることができるのが、この、「他力のつつしみ」という内発的な変革だと言えるでしょう。

親鸞聖人もまた、

慶《よろこ》ばしいかな、心《こころ》を弘誓《ぐせい》の仏地《ぶつじ》に樹《た》て

（『註釈版聖典』四七三頁）

と述べられていて、心の立脚点を「弘誓の仏地」（阿弥陀仏の本願）に置く生き方を、ことのほか慶んでおられます。まさに、真実に根拠を置く生き方で、仏力・他力の真実が、わたしを通して活動している。これこそが、本当の意味での「他力本願」です。

煩悩を主とする生き方から、南無阿弥陀仏を主とした生き方に価値を転換していかねばなりません。「価値観の転換」こそが、宗教の役割であり、意義でもあります。

「南無阿弥陀仏」のはたらき

現代人が最も重要と考えている価値に「自由」がありますが、この「自由」とはどういうことだと思いますか？　おそらく、多くの人は、「自分の思い通りになること」だ、と考えているでしょう。実際、若いときには簡単にできたことでも、年齢を重ねるごとに、思うように体が動かない。こんなときに「不自由」を感じます。また反対に若いときは、力があり余っているのに、「学校の規則が厳しい」、「家庭のしつけが厳しい」。こんなときも「不自由」を感じます。これを裏返せば、自分の思い通りになることが「自由」ということになるでしょう。しかし、仏教では、「自分の思い通り」を「自由」とは考えません。「自分の思い通り」は、煩悩に支配された、これも一つの「不自由」だと考えます。

オランダに、B・スピノザという有名な哲学者がいます。彼の譬えに「スピノザの石」という例話があります。石は、自分の力では、一歩も動くことはできません。ところが、石を放り投げたとき、その石は、「今まで一歩も動けなかったのに、今や空中を飛遊するようになった。これで自分は自由になった」と思うかも知れません。しかしながら、その石は、投げられた瞬間に、一定時間の後に、一定地点に落下することは避けられない。つまり、石の抱いている「自由」は錯覚だ、と示したのです。私たちの抱く「自分の思い通り」＝「自由」という考え方も、実は錯覚に過ぎません。「自分の思い通り」は、煩悩に支配された、「不自由」の、どまん中だからです。

「南無阿弥陀仏の主になる」という言葉に関して、親鸞聖人の次のお言葉を想起します。「南無阿弥陀仏」のはたらきとして、

磁石《じしやく》のごとし、本願《ほんがん》の因《いん》を吸《す》ふがゆゑに
（『註釈版聖典』二〇一頁）

とあります。釘が磁石の磁力によって引き付けられたとき、今度は、その釘に伝わった磁力で、別の釘を引き付けます。私が、阿弥陀仏の磁場となったとき、その磁力が、別の人にも伝わるのです。

「心の立脚点」を阿弥陀仏の本願に置き、「南無阿弥陀仏の主になる」。この、念仏者ならではの生き方について、次章では、具体的に、ご門主のお言葉からうかがってみることにいたしましょう。

第二章 ご門主の教示

第一節 「念仏者の生き方」に学ぶ

念仏者の生き方

仏教は今から約二五〇〇年前、釈尊《しやくそん》がさとりを開いて仏陀《ぶつだ》となられたことに始まります。わが国では、仏教はもともと仏法と呼ばれていました。ここでいう法とは、この世界と私たち人間のありのままの真実ということであり、これは時間と場所を超えた普遍的な真実です。そして、この真実を見抜き、目覚めた人を仏陀といい、私たちに苦悩を超えて生きていく道を教えてくれるのが仏教です。

仏教では、この世界と私たちのありのままの姿を「諸行無常」と「縁起《えんぎ》」という言葉で表します。「諸行無常」とは、この世界のすべての物事は一瞬もとどまることなく移り変わっているということであり、「縁起」とは、その一瞬ごとにすべての物事は、原因や条件が互いに関わりあって存在しているという真実です。したがって、そのような世界のあり方の中には、固定した変化しない私というものは存在しません。

しかし、私たちはこのありのままの真実に気づかず、自分というものを固定した実体と考え、欲望の赴くままに自分にとって損か得か、好きか嫌いかなど、常に自己中心の心で物事を捉《とら》えています。その結果、自分の思い通りにならないことで悩み苦しんだり、争いを起こしたりして、苦悩の人生から一歩たりとも自由になれないのです。このように真実に背いた自己中心性を仏教では無明煩悩といい、この煩悩が私たちを迷いの世界に繋ぎ止める原因となるのです。なかでも代表的な煩悩は、むさぼり・いかり・おろかさの三つで、これを三毒の煩悩といいます。

親鸞聖人も煩悩を克服し、さとりを得るために比叡山《ひえいざん》で二十年にわたりご修行に励まれました。しかし、どれほど修行に励もうとも、自らの力では断ち切れない煩悩の深さを自覚され、ついに比叡山を下り、法然聖人のお導きによって阿弥陀如来の救いのはたらきに出遇《であ》われました。阿弥陀如来とは、悩み苦しむすべてのものをそのまま救い、さとりの世界へ導こうと願われ、その願い通りにはたらき続けてくださっている仏さまです。この願いを、本願といいます。我執、我欲の世界に迷い込み、そこから抜け出せない私を、そのままの姿で救うとはたらき続けていてくださる阿弥陀如来のご本願ほど、有り難いお慈悲はありません。しかし、今ここでの救いの中にありながらも、そのお慈悲ひとすじにお任せできない、よろこべない私の愚かさ、煩悩の深さに悲嘆せざるをえません。

私たちは阿弥陀如来のご本願を聞かせていただくことで、自分本位にしか生きられない無明の存在であることに気づかされ、できる限り身を慎み、言葉を慎んで、少しずつでも煩悩を克服する生き方へとつくり変えられていくのです。それは例えば、自分自身のあり方としては、欲を少なくして足ることを知る「少欲知足《しょうよくちそく》」であり、他者に対しては、穏やかな顔と優しい言葉で接する「和顔愛語《わげんあいご》」という生き方です。たとえ、それらが仏さまの真似事といわれようとも、ありのままの真実に教え導かれて、そのように志して生きる人間に育てられるのです。このことを親鸞聖人は門弟に宛てたお手紙で、「（あなた方は）今、すべての人びとを救おうという阿弥陀如来のご本願のお心をお聞きし、愚かなる無明の酔いも次第にさめ、むさぼり・いかり・おろかさという三つの毒も少しずつ好まぬようになり、阿弥陀仏の薬をつねに好む身となっておられるのです」とお示しになられています。たいへん重いご教示です。

今日、世界にはテロや武力紛争、経済格差、地球温暖化、核物質の拡散、差別を含む人権の抑圧など、世界規模での人類の生存に関わる困難な問題が山積していますが、これらの原因の根本は、ありのままの真実に背いて生きる私たちの無明煩悩にあります。もちろん、私たちはこの命を終える瞬間まで、我欲に執《とら》われた煩悩具足の愚かな存在であり、仏さまのような執われのない完全に清らかな行いはできません。しかし、それでも仏法を依りどころとして生きていくことで、私たちは他者の喜びを自らの喜びとし、他者の苦しみを自らの苦しみとするなど、少しでも仏さまのお心にかなう生き方を目指し、精一杯努力させていただく人間になるのです。

国の内外、あらゆる人びとに阿弥陀如来の智慧と慈悲を正しく、わかりやすく伝え、そのお心にかなうよう私たち一人ひとりが行動することにより、自他ともに心豊かに生きていくことのできる社会の実現に努めたいと思います。世界の幸せのため、実践運動の推進を通し、ともに確かな歩みを進めてまいりましょう。

二〇一六（平成二十八）年十月一日

浄土真宗本願寺派門主　大谷　光淳

仏教が伝えること

これは、二〇一六年十月一日、伝灯奉告法要《でんとうほうこくほうよう》（宗祖親鸞聖人があきらかにされたみ教えが継承されたことを阿弥陀如来と親鸞聖人の御前に奉告する法要）の初日に、浄土真宗本願寺派（西本願寺）第二十五代専如門主が示されたご親教（ご法話）です。ご門主の基本姿勢がここに込められていると言ってよいでしょう。全部で七段落に分かれており、第一段落では、まず仏教とは、今から、およそ二五〇〇年前に、インドでお生まれになった、お釈迦《しゃか》さま（ゴータマ・シッダッタ）によって開かれた教えであることが示され、続く第二段落では、その仏教の思想内容について、「諸行無常」と「縁起」をキーワードにして説明がなされています。

「無常」ということについては、私たちの日常生活でも多く実感しています。親しかった人の訃報に接すると、「無常」を感じますし、自分の若かったころの写真を見ても、「無常」を感じます。『平家物語』では、栄華を誇った平家の滅亡に対し、「盛者必衰《じょうしゃひっすい》、会者定離《えしゃじょうり》」と「無常」がうたわれています。通常このように、「無常」は、生ある者は死し、若かった者も年老い、栄華を誇った者も衰えるという、マイナス面で理解されることが多いのですが、「無常」は、すべてマイナスとは限りません。成長や進歩というプラス面もまた、「無常」なのです。昨日の私と今日の私とは同じではなく、絶えず移り変わっているということを表すのです。

「縁起」という言葉も、あまり正確に用いられていないように思います。「縁起」が善いとか悪いとかという言い方をしますが、本来「縁起」とは、「善い」「悪い」という価値判断が入るものではありません。自らは単独で存在しているのではなく、周りのすべてと、あらゆる意味で関わり合い、その関係性の中でのみ存在しているという考え方です。

『華厳経《けごん》』に、「インドラの網」という譬えがあります。網を構成する宝石の珠の一つひとつには、他のすべての珠が映し出されており、すべての珠がみな関わり合っています。

そして、その中の珠が一つでも欠けてしまったら、網として成立しなくなります。つまり、一つとして無駄な珠などなく、すべてがかけがえのない存在ということなのです。この視点は、現代の私たちにとっても重要です。若い人たちを中心に、「自分には居場所がない」、「何のために生きているんだろう」といった苦悩が発せられます。そんなときに、「すべてが、かけがえのない存在」ということを思い出してほしいと思うのです。

このように見てくると、「無常」は時間的な側面において、「縁起」は主として空間的な側面（「縁起」には時間的な関係もあります）において、「無我」ということを表していると言えるでしょう。

ありのままの姿

お釈迦さまの時代、すなわち古代インドでは、「アートマン（我）」という固体的・実体的な考え方が主流でした。自分という存在は、すでに生まれながらにして永遠・不変の「我」という存在であるとするものです。これに対し、お釈迦さまは、この世には永遠・不変なものは存在せず、絶えず移り変わっていることを「無我」と表わされました。

自分という存在が「我」として、永遠・不変であるならば、自分は一生変わることがないという「運命論」になってしまいます。『増一阿含経《ぞういつあごん》』などの比較的初期の仏教経典では、仏教と、そうでない思想との相違点について、次の三つの指標が示されています。その一つが、この「運命論」で、「宿命論」とも言います。自らの人生は、すでに運命によって決定されているとするもので、こうなったら仏教ではないと説かれます。自分の人生は、自らの行動によって切り開くものです。そのことを、「お釈迦さまは、精進《しょうじん》論者である」とも称しています。二番目は、「神意論」ではないということです。すなわち、この世界は、神によって創造され、かつ、その力によって支配されているとするものです。お釈迦さまの時代では、「自在天外道」と言われるような考え方です。そして三つ目が、「偶然論」。この世の事象は、偶然に、たまたま生起したものであると考えるものです。仏教は因果の道理を立てますから、すべての事象には必ず原因があり、それが結果を生むのです。

このような、あらゆるものは絶えず移り変わるという「諸行無常」と、不変の存在である「実我」など存在しないという「諸法無我」との二つの理法に目覚めることをさとり（「涅槃」）としています。そして、この「諸行無常」「諸法無我」「涅槃寂静《じゃくじょう》」の三つを「三法印」とも称しています。「印」とは、「旗印《はたじるし》」ということで、例えば「風林火山（疾如風徐如林侵掠如火不動如山）」とあったら武田の軍勢だとわかりますし、「毘（毘沙門天）」とあったら、これは上杉の軍勢だとわかります。これと同じように、仏教の「旗印」が、「三法印」です。

真実に気づかないのはなぜか

第三段落では、前の第二段落で見たような、「ありのままの真実」に気づかないのはなぜか、という問いが立てられ、その理由として、第一章で見たような「自己中心性」を指摘されています。この「自己中心性」を、仏教では「煩悩」と名付けていることが、この段落において明示されています。「煩悩」とは、身体や心を煩い惑わせるものの総称で、その代表的なものとして、「三毒」の煩悩が挙げられています。具体的には、「むさぼり（貪欲）」・「いかり（瞋恚《しんに》）」・「おろかさ（愚痴）」の三つです。いつまでも、「欲しい」「足りない」という際限のない「むさぼり」が、自分の思うようにならないと「いかり」となり、正しい因果の道理に気づかない「おろかさ」によって、何でも他人のせいにして、苦しむ必要のないことまで苦しみ続けることになるのです。こういう連鎖が、際限なく続いていき、「惑」・「業」・「苦」と悪循環を繰り返していくのです。

このように、この世の「ありのままの真実」を見えなくしているのが、「煩悩」で、この煩悩の曇りによって、物事のありようが、曇って歪んで見えてしまうのです。「苦悩」の原因が、「煩悩」にあるということがわかれば、その治療法は単純明快、煩悩の曇りを除いて、「ありのままの真実」を見抜くことです。

親鸞聖人の求道

続く第四段落においては、浄土真宗の宗祖親鸞聖人も、自らの煩悩の課題に向き合われ、比叡山での二十年間の修行と学問を重ねられたことが示されています。しかし、比叡山で学んだような、自らの力で煩悩をなくすことはできず、法然聖人のもとに赴かれた経緯が述べられています。

この二十年間のご修行において、例えば十年・十五年という節目では、「これで少しは、さとりに近づいた」と考えてもよさそうなものですが、親鸞聖人は、自らの迷いの姿に正面から向き合われ、自らを偽ることができませんでした。

「煩悩をなくせば苦はなくなる」。理屈は簡単でも、それを実行することは、生身の人間としては、ほとんど不可能に近いでしょう。親鸞聖人も、このような理想と現実の間《はざま》で苦悩されてこられました。

そこに、法然聖人と出遇うことによって、本願念仏の教えに出遇われたのです。そのときの感動を、『顕浄土真実教行証文類』「化身土文類《けしんどもんるい》」の後序では、

しかるに愚禿釈の鸞《ぐとくしやくらん》、建仁辛酉《けんにんかのとのとり》の暦《れき》、雑行《ぞうぎよう》を棄《す》てて本願《ほんがん》に帰《き》す

（『註釈版聖典』四七二頁）

ところでこの愚禿釈の親鸞は、建仁元年に自力の行を捨てて本願に帰依し

（『教行信証（現代語版）』六四二頁）

とのお言葉として述べられています。建仁年間の辛酉の年は建仁元年で、西暦では一二〇一年です。親鸞聖人のご誕生は承安《じようあん》三年、西暦一一七三年ですから、満二十八歳、数えで二十九歳のこと。まさしく、法然聖人に出遇われた年のことです。そのときのことについて、比叡山の自力の雑行を棄てて、他力念仏の本願に出遇った年であると、振り返ってのお言葉です。

法然聖人の「専修念仏」は、それまでの日本仏教の伝統である「八宗兼学《はつしゆうけんがく》」に真っ向から対抗する教えでした。お釈迦さまが開かれた仏教のうち、インドから中国、そして朝

鮮半島を経て日本に伝わった北伝仏教は、大乗仏教の流れにありました。「大乗」とは、それまでの上座部《じょうざぶ》系仏教では一部の者しかさとれず、それでは迷いの岸からさとりの岸へと運んでくれる乗り物が小さいではないかと批判する中から、すべての人が等しく救われることこそが、本当の仏教の目的であるとして興った立場です。この「大乗仏教」の流れにあるはずの日本仏教が「八宗兼学」では、結局、また一部の人しか救われない形になってしまっているではないかと、法然聖人は認識されたに違いありません。この課題の中から、すべての人が、等しく救われていく道として、「専修念仏」、「ただ念仏一つ」との教えを開かれたのでした。ここに、「大乗仏教」が、本当の意味で花開いたと言えるでしょう。

通常の加算理論では、一行（専修念仏）よりも諸行（八宗兼学）の方が功徳が高いと考えられ、当時の人たちも、そのことに何の疑いも感じませんでした。しかし、法然聖人の論理では、自力の諸行は、おのおの個別の功徳しか持たないのであって、本願念仏一行こそが、「万徳《まんどく》の所帰《しょき》」として、すべての徳が念仏にこもっているという論理でした。まさに、人間の論理ではなく、仏の論理です。仏さまの世界のことを、人間の論理であれこれ考えても意味をなしません。「仏の世界のことは、仏の論理で」。この方法論に徹せられたわけです。

「煩悩」をなくしてさとりを得るという解決法に沿った上においても、自らの力では煩悩を断つことはできない。この現実の中で、親鸞聖人は、「不断煩悩得涅槃（煩悩を断たずにさとりを得る）」と述べられました。「涅槃（さとり）」とは、煩悩のない状態のことを言うはずで、煩悩を断たずに「涅槃」はありえないはずです。今の「不断煩悩得涅槃」は、そういう、状態のことを指して述べたお言葉ではありません。誰が絶つのかという、主語を問題にされているお言葉なのです。煩悩を断たなければ「涅槃」はありえません。しかし、私たちの自力で絶つのではなく、仏の本願力（他力）が絶つことを表されたのです。

生き方が変えられる

第五段落では、この「ご本願」に出遇った私たちの生き方として、「和顔愛語」と「少欲知足」を指摘されています。

まず、「和顔愛語」とは、穏やかな表情と優しい言葉のことです。そうありたいとは思っていても、現実には、なかなかそうもいきません。イライラしていたら無愛想な表情になりますし、時には乱暴な言葉さえ投げつけてしまいます。一方で、表面だけ愛想を振りまくこともしばしばです。二枚舌やおべんちゃら、心にもないお世辞。これらは、打算などのような、自分の不実な心が表に現われているだけですから、偽りの優しい言葉に過ぎません。

しかし、逆に、本当に困っている人を見かけたとき、打算とかではなく、優しい言葉をかけることがあるのも事実です。これは、どこから来ているのでしょう。私の心の中からは出てこないはずです。この出どころを考えたとき、これしかないだろうと思い当たるのは、阿弥陀仏のお慈悲が私に至り届き、そのお育てによって、私の口から発せられているとしか考えられないのです。

阿弥陀仏の四十八願のうち、第三十三願を「触光柔軟《そくこうにゅうなん》」の願と称しています。阿弥陀仏の光に出遇った者は、身も心も柔らかになるとされるのです。阿弥陀仏の光について、『無量寿経《むりょうじゅきょう》』という経典には、第十二願成就文として、「十二光」が説かれています。その中に、「清浄光」・「歓喜光」・「智慧光」の三つの光があります。

「清浄光」とは、清らかな光。これは私たちの汚れた「むさぼり」に向けられます。汚職や詐欺などで得たお金のことを、「汚れたお金」と言ったりしますが、この汚れた「むさぼり」に、「清浄光」が届けられるのです。「歓喜光」は、私たちの「いかり」に向けられます。歓喜の徳によって、私たちの「いかり」を鎮めようとしてくださいます。さっきまで機嫌がよかったのに、急に怒り出したということはありえますが、喜んでいるときに、同時に怒ることはありません。そして「智慧光」は、私たちの「おろかさ」に向けられているのです。こういう三つの光のお徳が届けられているのですが、私たちは、急に煩悩が湧き起こるものでもあります。そのため、絶えず治療薬を届けなければなりません。それが続く「不断光」です。

こういう阿弥陀仏の光明に育てられ、私たちの身も心も柔軟になり、それによって、相手に優しい言葉がかけられる「和顔愛語」になるのです。

煩悩とともに歩む

次に、「少欲知足」について考えます。第一章で見たように、私たちの煩悩は、「臨終の一念に至るまで、とどまらず、きえず、たえず」ですから、いつまでたっても、「欲しい」、「足りない」の毎日です。そして、本章第三段落でも見たように、煩悩が苦しみの原因だとわかっていても、生身の人間において、これをなくすことは、ほとんど不可能です。

親鸞聖人が特に尊敬されていた七人の高僧（「七高僧」と申しています）の中の第一祖、龍樹《りゅうじゅ》菩薩の伝記から、「欲は苦の本」という発見が記されています。「苦しみ」の原因を、通例私たちは、自分の外に見ようとします。第一章で見た、夏目漱石の『草枕』がそうだったように、周囲の人たちに原因があるように感じます。社会が悪い、政治が悪い、教育が悪い、と自分の外に原因があるように思ってしまうのです。しかし、本当の原因は外にではなく、自分の内なる欲にあるとするのが、この「欲は苦の本」という大発見です。このように「苦」の原因が自らの「欲」だとわかれば、その解決法は、「欲をなくせば、苦もなくなる」ということになり、単純明快です。しかし、第四段落でも見たように、この方法は、理屈は簡単でも、実行するとなると、きわめて困難です。

龍樹菩薩は、この命題に対して、もう一つの解決法を提示してくださいました。それが、「欲は欲のままで、苦という結果を引かない」方法でした。これが、私たち浄土真宗でいう「他力の念仏」です。念仏申す身になっても、欲は少しも減りません。まさに、煩悩の花盛りです。ところが、昔から、「切り花は実を結ばない」と言われているように、他力の念仏により、根っこを切ってもらっているため、煩悩の花は咲き誇っていますが、地獄行きという結果を引かないのです。それが、先ほどの「不断煩悩得涅槃」として、仏力・他力によって、迷いの因が迷いの果を引かず、むしろ現生の「正定聚」（一九頁、「入正定聚」参照）として、必ずさとりを得る身と決定された身となるのです。そして、第一章で「悪人正機の社会性」とも言いましたように、「つつしむ身」へと変えられ、不平・

不満の毎日が、「ありがたい」、「もったいない」という感謝の心へと転換され、ご恩のわかる人となる。それが、「足るを知る」身へと育てられているということです。

現代社会の課題

続く第六段落では、今日の地球規模での具体的課題を、大きく五つほどご指摘くださっています。「武力紛争」、「経済格差」、「地球温暖化」、「核物質の拡散」、「人権の抑圧」の五つです。そして、より重要だと思われるのが、「これらの原因の根本は、ありのままの真実に背いて生きる私たちの無明煩悩にあります」とのご指摘です。

「武力紛争」は、お互いの「いかり」が衝突することによって起こります。しかも、その根底には、お互いに自分の方が正しいと思っている「おろかさ」にも起因しているでしょう。「正義のための戦争」が、幾度繰り返されてきたことでしょう。

「経済格差」は、財を蓄えようという「むさぼり」が、自由競争という美名のもとに、弱肉強食という「いかり」の競争原理によって、勝ち負けを争っているあり方です。「勝ち組・負け組」という、いやな言葉もはやりました。

「地球温暖化」も、便利で快適を求める「むさぼり」の所産であり、これではいけないと気づきながらも、一度得た快楽からは後戻りしたくないという「おろかさ」とも複合して起こっています。

「核物質の拡散」について言えば、原子力発電への依存は、「地球温暖化」と同じ構造と言えるでしょうし、核武装の問題となると、相手が保有したら自分も保有しなければという、自分と他者とを対立的に見る「おろかさ」と、他者への対抗意識という「いかり」とに基づいています。

「人権の抑圧」も、他人を蹴落とし、差別して、自らを勝者として勝ち誇ろうとする「いかり」や「むさぼり」の所産であり、また、いじめや差別で他人を傷つけていることは、決して勝者なのではなく、そのことによって、自分の値打ちを下げ、自分自身を傷つけていることに気づかない「おろかさ」でもあるのです。

念のために付け加えますと、例えば「経済格差」の現象の一つである「貧困」が、煩悩によって起こっているとするのは、その人の「貧困」が、その人の煩悩によっているとするのではありません。「貧困」を引き起こす「経済格差」という社会構造の原因が煩悩にあるとするものです。

これらの課題の原因が、私たちの煩悩から引き起こされているということは、煩悩によっては解決できないということを表していると思います。闇は、闇自身の力によって、闇を破ることはできません。これと同じように、煩悩を、煩悩によって退治することはできません。しかし、たとえ千年の暗室でも、ひとすじの光によって、一瞬にして闇は破られます。これと同じように、煩悩に起因する課題は、煩悩によってではなく、仏の智慧と慈悲によってしか解決できないでしょう。しかし、そのことは、私たちは無力な凡夫だから何をやっても無意味だということではないはずです。「小慈《しょうじ》小悲《しょうひ》もなき身」ではあっても、第一章で見たような「常行大悲」のはたらきを身に受けて、仏の智慧と慈悲に導かれた生き方を送るのです。それが、「少しでも仏さまのお心にかなう生き方を目指し、精一杯努力させていただく人間になる」というご教示です。

着実な歩みへと

第七段落では、決意表明をもって結ばれています。

私たちは、とかく「縁起」のつながりを忘れ、自分と他人とを区別して、時には対立的に見てしまいます。そのような私たちに、つねに反省の眼差しを与えてくださるのが、阿弥陀如来の智慧と慈悲です。「十方衆生」との阿弥陀如来のよびかけに目覚め、自分中心の生き方から、「自他ともに心豊かに生きていくことのできる社会の実現」に向けて努力する歩みへと変わっていくのです。

　自己を見つめ、他者と積極的に関わり、喜びを多くの人びとと共にする、「自信教人信《じしんきょうにんしん》」の歩みを、一つひとつ着実に実践していかねばなりません。

　そして、この念仏者の歩みには、「もうこれでいい」というゴールはありません。それは、返しても返し切れないご恩に報いるという、念仏者のご報謝ですから、不断の精進をもってする他ないのです。

第二節　「私たちのちかい」に学ぶ

「私たちのちかい」についての親教

　私は伝灯奉告法要の初日に「念仏者の生き方」と題して、大智大悲からなる阿弥陀如来のお心をいただいた私たちが、この現実社会でどのように生きていくのかということについて、詳しく述べさせていただきました。このたび「念仏者の生き方」を皆様により親しみ、理解していただきたいという思いから、その肝要を「私たちのちかい」として次の四ヵ条にまとめました。

私《わたし》たちのちかい

一《ひと》つ、自分《じぶん》の殻《から》に閉《と》じこもることなく
穏《おだ》やかな顔《かお》と優《やさ》しい言葉《ことば》を大切《たいせつ》にします
微笑《ほほえ》み語《かた》りかける仏《ほとけ》さまのように

一《ひと》つ、むさぼり、いかり、おろかさに流《なが》されず
しなやかな心《こころ》と振《ふ》る舞《ま》いを心《こころ》がけます
心安《こころやす》らかな仏《ほとけ》さまのように

一《ひと》つ、自分《じぶん》だけを大事《だいじ》にすることなく
人《ひと》と喜《よろこ》びや悲《かな》しみを分《わ》かち合《あ》います
慈悲《じひ》に満《み》ちみちた仏《ほとけ》さまのように

一《ひとつ》、生《い》かされていることに気《き》づき
日々《ひび》に精一杯《せいいっぱい》つとめます
人《ひと》びとの救《すく》いに尽《つ》くす仏《ほとけ》さまのように

この「私たちのちかい」は、特に若い人の宗教離れが盛んに言われております今日、中学生や高校生、大学生をはじめとして、これまで仏教や浄土真宗のみ教えにあまり親しみのなかった方々にも、さまざまな機会で唱和していただきたいと思っております。そして、先人の方々が大切に受け継いでこられた浄土真宗のみ教えを、これからも広く伝えていくことが後に続く私たちの使命であることを心に刻み、お念仏申す道を歩んでまいりましょう。

二〇一八（平成三十）年十一月二十三日

浄土真宗本願寺派門主　大谷　光淳

二〇一八年に、主として若い世代の人たち、しかも、これまで仏教や浄土真宗にはご縁の薄かった青少年に対象を特化して、四カ条からなる、決意表明的な形式の「私たちのちかい」が示されました。本節では、この「私たちのちかい」を味わってみます。基本は、前節の「念仏者の生き方」がベースとなっていますから、内容的に重複するところが多く、その部分については、第一節を参照していただくようにしながら述べていきます。

では、それぞれ条文ごとに見てまいりましょう。

一、自分の殻に閉じこもることなく
穏やかな顔と優しい言葉を大切にします
微笑み語りかける仏さまのように

この現代社会は、めまぐるしく事態が移り変わり、対人関係に疲れ、言わば自己防衛的に周囲との関わりを避けてしまうことが起こりえます。まさに「生きづらさ」がキーワードとなっている時代です。そして、他者との関係を閉ざせば、ますます孤独が募っていく、そういう負のスパイラルに落ち込んでしまいそうです。「自分の殻」とは、どういうものだと思いますか。私は、ここでは、「殻」という言葉で、固執してしまう自分の考え・価値観を表現されていると思います。「殻」で身を守るばかりではなく、「殻」を開いて、自分の生き方を見つめていく、そのきっかけを見つけることができればと思います。

一九九五年、阪神・淡路大震災のとき、被災者支援に携わる人たちさえ、心が折れそうになる、そんな時期に、当時神戸大学におられた中井久夫先生が、支えになる言葉として、「そばにいてくれるということ」を口にしておられました。「そばにいてくれる」という安心感と、「そば」という適度な距離感が自立を促す意識を育むとの思いではなかったかと推測します。

この言葉に触れた時、私は真っ先に、「すべての人を必ず救う」、「誰一人取り残さない」と誓われた、阿弥陀如来の願いを想起しました。この阿弥陀如来の願いが、「はたらき」となったのが、「摂取不捨《せっしゅふしゃ》」です。「摂取不捨」という言葉の意味について、親鸞聖人は、大きく二つの意味を示してくださっています。

まず一つは、

ものの逃ぐるを追はへとるなり

（『註釈版聖典』五七二頁脚註）

です。阿弥陀仏という仏さまは、私たちが、阿弥陀仏の方を向いた時だけ救いましょうという仏ではないということです。多くの神や仏は、自分の方を向いた時だけ救いを手向けてくださいます。阿弥陀仏は、私たちがどこを向いていても、背を向けて逃げようとしている私でさえ、どこまでも追いかけて、ついにはくるめ取ってくださるのです。ちょうど小さい子どもさんが、お風呂から上がって、ふざけて裸のまま逃げ回っているのを、お母さんが追いかけて、ついにはバスタオルでくるめ取ってくれる。そんな姿と重なります。

蓮如上人は、

南無阿弥陀仏に身をばまるめたることなり

（『蓮如上人御一代記聞書』、『註釈版聖典』一二六三頁）

と仰っています。

そして、もう一つの意味として、

ひとたびとりて、永く捨てぬなり

（『註釈版聖典』五七一頁脚註）

と記しておられます。「なぜ、お念仏一つでさとりが得られるのだろうか」。この疑問に対する答えが「摂取不捨」です。ひとたび仏さまに抱かれた者は、必ず仏になるのです。私たちが、お念仏申す身になれたのは、阿弥陀仏にくるめ取られたからです。阿弥陀仏に抱かれた者だから、必ず仏になるのです。

個人的な体験なのですが、拙寺の総代長をしてくれていたある方が、次のような相談を持ちかけてくれました。「妻は、お寺参りも喜んで続け、念仏を欠かさない人だったのに、アルツハイマー性認知症にかかり、今や仏壇にお参りすることさえ忘れています。どうしたらいいでしょう」というものでした。

とっさのことで少し戸惑いましたが、確かこんな風にお答えした記憶があります。「私たちは、いつ、どんな状態で、阿弥陀さまのことを忘れる時が来るかも知れません。でも、阿弥陀さまの方は、片時もお忘れではありませんから、あなたさまが手を取って、一緒にお仏壇に向かってあげてください」と。今は、その奥さんも、夫の総代長さんも亡くなられましたが、「お念仏に遇《あ》えてよかったですね」と、その人を思い出すたびにそう思います。

「穏やかな顔と優しい言葉」については、ご親教「念仏者の生き方」の「和顔愛語」の部分もご確認ください。「微笑み語りかける仏さま」を思い、阿弥陀仏のお慈悲に出遇った幸せの「おすそわけ」を、「和顔愛語」として接していきたいものです。

一、むさぼり、いかり、おろかさに流されず

しなやかな心と振る舞いを心がけます
心安らかな仏さまのように

この条文の内容は、前節「念仏者の生き方」と重複しますので、あらためて繰り返しません。また、第一章とも関連するところがあります。ここは煩瑣を避け、論理の流れだけ、確認の意味も含めて、辿っておくこととします。

親鸞聖人が、その著『一念多念文意』に、

無明煩悩われらが身にみちみちて、欲もおほく、いかり、はらだち、そねみ、ねたむこころおほくひまなくして、臨終の一念にいたるまで、とどまらず、きえず、たえず
（『註釈版聖典』六九三頁）

とお示しのように、私たちの煩悩は、死ぬまでなくなりません。

しかし、その一方、念仏者は何も変わらないのかと言うと、決してそうではなく、例えば、迷信には惑わされなくなったという、明確な変化も自覚できます。第一章の「冥衆護持の益」でも少し申しましたが、これだけ科学が発達しても、いまだに迷信に縛られてい

る現状は否定できません。

つい近年まで、4号室のない病院が多かったと聞きます。また、東日本大震災の七回忌の日に、私は広島から仙台に向かうのに、ある地方航空会社の飛行機を利用しました。その飛行機には座席番号4番がなかったのです。そこに非常口があるわけでもなく、スーパーシートと普通席の境界があるわけでもありません。乗務員さんに確認こそしませんでしたが、他に理由が思い浮かびません。「4」が、「死」をイメージすること以外にはないと思うのです。しかし、ひとたび飛行機事故が起こったら、4番座席の人だけが死ぬことはないでしょう。人の命を預かる病院は科学の最先端です。また飛行機も、金属の塊を空に飛ばす科学の最先端です。この科学の最先端にして、いまだに迷信がはびこっているのが実態です。この迷信を横ざまに、一刀両断に切断するのが念仏です。

煩悩への向き合い方についても、繰り返しになりますが、煩悩は、客人に過ぎないのですから、主客の分際をしっかりと踏まえて、南無阿弥陀仏を主とする生き方を、お互い再確認したいと思います。

一、自分だけを大事にすることなく
人と喜びや悲しみを分かち合います

慈悲に満ちみちた仏さまのように

私たちの自己中心性は、他人を蹴落として、自分だけが優位に立とうとしています。そういう競争社会の中に、いやおうなく投げ出されているのが、現代であるとも言えるでしょう。

学校では成績偏重で、「受験」はまさに「戦争」です。会社も競争原理に支配されて、ライバルを蹴落とす、イス取りゲームの状態です。経済も、「自由競争」の美名のもとに、格差は拡大の一途で、「勝ち組・負け組」という言葉もはやりました。「いじめ」や「差別」も、相手を傷つけ貶《おとし》めて、自分が優位に立とうとするあり方です。

大乗仏教の基本構造は、「自利利他」と言われています。それも、「自利」を仕上げてからの「利他」ではなく、「利他」あってこその「自利」という構造です。

それまでの上座部系仏教でも、もちろん、「利他」を言います。ただ、それは、「自利」を完成してからの「利他」という構造です。

例えば、川で溺れていた人を見かけたとしても、自分が泳げなかったら、溺れている人を助けることはできません。助ける力を身につけるのが先決だと考えるのも、一定の道理があるでしょう。しかし、そこには致命的な欠陥があると主張したのが、大乗仏教の立場です。その致命的欠陥とは、目の前で溺れている人を前にして、それから泳ぎの練習をして、準備運動をしてと、あれこれしていたら、溺れている人には間に合いません。目の前で溺れている人を見過ごす結果になるのであれば、それが本当の仏教か、と問う中から、他者を救う「利他」こそが「自利」であるとの「自利即利他」を目指したのが大乗仏教であると言えるでしょう。その最も完成された形が、阿弥陀仏の「若不生者《にゃくふしょうじゃ》、不取正覚《ふしゅしょうがく》」（衆生を救うことなくしては、自らもさとりを開かない）との誓いです。私たちに、ここまでの阿弥陀仏の真似事はとてもできませんが、「いじめ」や「差別」で他人を傷つけることによって、自分自身の値打ちを下げて、自分自身をも傷つけている。そのおろかさに気づく必要もあるでしょう。

一、生かされていることに気づき
　日々に精一杯つとめます
　人びとの救いに尽くす仏さまのように

人びとの孤独感のあり方として、「何のために生まれてきたんだろう」、「好きで生まれてきたんじゃない」、「自分なんか生まれてこなきゃよかったんだ」といった悲痛な声を聞きます。

しかし、人間ほど育児期間の長い動物はいません。今、自分が生きているのには、実に多くの「おかげ」によって、「生かされている」のです。両親や家族、あるいは友人。少し思い浮かべるだけで、多くの人たちの「おかげ」に気づくでしょう。学校や病院のような社会の施設など、自分では気づかない、さまざまな「おかげ」があります。「おかげ」の「かげ」とは、自分では気づかないものを表わし、これに、「お」と敬語をつけるのは、感謝の思いを表わしています。「あたりまえ」には、感謝も感動もありません。「生かされている」ことに気づいた感動から、感謝の思いも湧いてくるのです。

例えば、毎日の食事ひとつをとってみても、生産者の人たち、流通に関わる人たち、売ってくれる人たち、調理する人たちと、実に多くの段階において、多くの人たちが関わってくれています。浄土真宗の食前の言葉には、「多くのいのちと、みなさまのおかげにより」と、感謝の意が表されています。

私たちには、人それぞれに持ち分や個性があります。阿弥陀仏は、私たちにできないことを求めはされません。しかし、できることをしないのは、ただの怠慢です。できることを「精一杯」に努めさせていただくのです。私たちのご報謝には、「もう、これでいい」というゴールはありません。返しても返し切れない広大なご恩に報いるには、不断の精進をもってする他ない厳しさがあるのです。

蓮如上人の『御文章』には、

　ねてもさめてもいのちのあらんかぎりは、称名念仏すべきものなり

（『註釈版聖典』一一八九頁）

とあります。

時おり、こんなことを聞かれることがあります。「ねてもさめてもと言われますが、寝ている時には、どうやって念仏すればよいのでしょう」というものです。こういう時、私はいつも逆に聞き返すことにしています。「あなたさまは寝ている時のことを心配していますが、起きている時には、どれくらいお念仏申しておられますか」と。こう聞くと、たいていの人は理解してくれます。寝ている時のことを心配するよりも、起きている時に、努めてお念仏申すことが大事なのです。

それでも、寝ている時でもお念仏されている方もいるようです。あるお医者さんから聞いた話です。その先生は外科医で、たくさんの手術を手がけてこられました。その経験談として、全身麻酔をかける手術の時、麻酔が完全に醒めるまでは、ご家族に面会はさせな

いということでした。麻酔が醒めかける時には、その人の心の奥深くにしまいこんでいる深層心理が吹き出してくるのだそうです。家族の悪口や、不平・不満など、まさに聞くに堪えない罵詈雑言《ばりぞうごん》が吹き出すというのです。

これを聞いて、私は思わず、全身麻酔をかける手術を受けたくないなと思いましたが、その先生は、続けて、こんなことも知らせてくれました。実は、ある人の手術の時、その人は麻酔の醒める時に、「なまんだぶ、なまんだぶ」と念仏が出てきたのには驚いたと言っておられました。心の底までお念仏が染みついている人もいるんだなと、あらためて感心した記憶があります。

それはともかくとして、起きている時、思い立つ心が起きる時、精一杯にお念仏申したいものです。

第三節 新しい「領解文」(浄土真宗のみ教え)に学ぶ

新しい「領解文」(浄土真宗のみ教え)についての消息

本年三月には、「親鸞聖人御誕生八百五十年・立教開宗八百年慶讃法要」という記念すべきご勝縁をお迎えいたします。このたびの慶讃法要は、親鸞聖人の立教開宗のご恩に深く感謝し、同じお念仏の道を歩む者同士が、あらためて同信の喜びを分かち合うためのご法要です。また、これを機縁として、特に若い人やこれまで仏教や浄土真宗に親しみのなかった人など、一人でも多くの方々に浄土真宗とのご縁を結んでいただきたいと思います。

伝道教団を標榜する私たちにとって、真実信心を正しく、わかりやすく伝えることが大切であることは申すまでもありませんが、そのためには時代状況や人々の意識に応じた伝道方法を工夫し、伝わるものにしていかなければなりません。このような願いをこめ、令和三年・二〇二一年の立教開宗記念法要において、親鸞聖人の生き方に学び、次の世代の方々にご法義がわかりやすく伝わるよう、その肝要を「浄土真宗のみ教え」として示し、ともに唱和していただきたい旨を申し述べました。

浄土真宗では蓮如上人の時代から、自身のご法義の受けとめを表出するために『領解文』が用いられてきました。そこには「信心正因・称名報恩」などご法義の肝要が、当時の一般の人々にも理解できるよう簡潔に、また平易な言葉で記されており、領解出言の果たす役割は、今日でも決して小さくありません。

しかしながら、時代の推移とともに、『領解文』の理解における平易さという面が、徐々に希薄になってきたことも否めません。したがって、これから先、この『領解文』の精神を受け継ぎつつ、念仏者として領解すべきことを正しく、わかりやすい言葉で表現し、またこれを拝読、唱和することでご法義の肝要が正確に伝わるような、いわゆる現代版の「領解文」というべきものが必要になってきます。そこでこのたび、「浄土真宗のみ教え」に師徳への感謝の念を加え、ここに新しい「領解文」（浄土真宗のみ教え）として示します。

南無阿弥陀仏《なもあみだぶつ》
「われにまかせよ　そのまま救《すく》う」の　弥陀《みだ》のよび声《ごえ》
私《わたし》の煩悩《ぼんのう》と仏《ほとけ》のさとりは　本来一《ほんらいひと》つゆえ
「そのまま救《すく》う」が　弥陀《みだ》のよび声《ごえ》
ありがとう　といただいて
この愚身《み》をまかす　このままで
救《すく》い取《と》られる　自然《じねん》の浄土《じょうど》
仏恩報謝《ぶっとんほうしゃ》の　お念仏《ねんぶつ》

これもひとえに
宗祖親鸞聖人《しゅうそしんらんしょうにん》と
法灯《ほうとう》を伝承《でんしょう》された　歴代宗主《れきだいしゅうしゅ》の
尊《とうと》いお導《みちび》きに　よるものです

み教《おし》えを依《よ》りどころに生《い》きる者《もの》　となり
少《すこ》しずつ　執《とら》われの心《こころ》を　離《はな》れます
生《い》かされていることに　感謝《かんしゃ》して
むさぼり　いかりに　流《なが》されず
穏《おだ》やかな顔《かお》と　優《やさ》しい言葉《ことば》
喜《よろこ》びも　悲《かな》しみも　分《わ》かち合《あ》い
日々《ひび》に　精一杯《せいいっぱい》　つとめます

この新しい「領解文」（浄土真宗のみ教え）を僧俗を問わず多くの方々に、さまざまな機会で拝読、唱和いただき、み教えの肝要が広く、また次の世代に確実に伝わることを切に願っております。

令和五年
二〇二三年　一月十六日

龍谷門主　釋　専　如

二〇二三年一月十六日、「御正忌報恩講法要」ご満座に続いて、ご門主より新しい「領《りょう》解《げ》文《もん》」（浄土真宗のみ教え）のお示しがありました。

もともと『領解文』とは、浄土真宗の教えを口に出して述べることが大切であるとされた本願寺第八代蓮如上人が、浄土真宗の正しい領解を示すために、安心・報謝・師徳・法度の四段に分けて、あらわされたものと言われています。

その内容は次の通りで、第一段には捨自帰他の安心、第二段には称名報恩の義、第三段には親鸞聖人や善知識の恩徳への報謝、第四段には「御文章」などに定められた「おきて」にしたがって生活すべきことが述べられています。

もろもろの雑行《ぞうぎょう》雑修《ざっしゅ》自力《じりき》のこころをふりすてて、一心《いっしん》に阿弥陀如来《あみだにょらい》、われらが今度《こんど》の一大事《いちだいじ》の後生《ごしょう》、御《おん》たすけ候《そうら》へとたのみまうして候《そうろ》ふ。たのむ一念《いちねん》のとき、往生一定《おうじょういちじょう》御《おん》たすけ治定《じじょう》と存《ぞん》じ、このうへの称名《しょうみょう》は、御恩報謝《ごおんほうしゃ》と存《ぞん》じよろこびまうし候《そうろ》ふ。この御《おん》ことわり聴聞申《ちょうもんもう》しわけ候《そうろ》ふこと、御開山聖人《ごかいさんしょうにん》（親鸞）御出世《ごしゅっせ》の御恩《ごおん》、次第相承《しだいそうじょう》の善知識《ぜんぢしき》のあさからざる御勧化《ごかんけ》の御恩《ごおん》と、ありがたく存《ぞん》じ候《そうろ》ふ。このうへは定《さだ》めおかせらるる御掟《おんおきて》、一期《いちご》をかぎりまもりまうすべく候《そうろ》ふ。

（『註釈版聖典』一二二七頁）

このたびお示しになった、新しい「領解文」（浄土真宗のみ教え）は、わかりやすい現代の言葉とともに、七五調に語調が整えられていることで、自らが口にかけながら、リズミカルで聞きやすく耳に入ってきます。もちろん、言葉を覚えるだけでなく、そこに凝縮された内容をしっかりと受け止めていくことが大切です。それでは、各段ごとに実際に文章を見てみましょう。

南無阿弥陀仏
「われにまかせよ　そのまま救う」の　弥陀のよび声
私の煩悩と仏のさとりは　本来一つゆえ

「そのまま救う」が　弥陀のよび声
ありがとう　といただいて
この愚身《み》をまかす　このままで
救い取られる　自然の浄土
仏恩報謝の　お念仏

まず、最初の段から味わってみましょう。

冒頭には、「南無阿弥陀仏」とお念仏されています。「南無」の二文字は、親鸞聖人のご理解によれば、阿弥陀仏から私たちへのよびかけであり、「阿弥陀仏」の四文字は、私たちを救うはたらきであると示されています。そのことを次の行で、「われにまかせよ　そのまま救う」と述べられているわけです。

阿弥陀仏が、私たちによびかけてくださるのに、なぜ、例えば、「満井さん」と、私たちの名前でよばずに、「南無阿弥陀仏」と、ご自身の名前でよびかけられたのでしょう。

島根県のあるお医者さんが、こんな話をされていました。

子どもさんが急な病気にかかりました。見た目は元気そうでしたが、少し体の不調を訴えたので、医者に診てもらうと、すぐに入院となりました。それからお父さんは、毎日会社の帰りに見舞いに訪れ、「○○君、早く元気になって帰ろうね」、「○○君、がんばろうね」と声をかけていましたが、日に日にやつれ、見る影もないくらいやせ細っていきました。そんな時、お父さんは、「がんばろうね」とは、とても言えずに、「お父さんが、ここにいるよ」としか言えなかったそうです。

阿弥陀仏からご覧になると、多くの仏さま方からは、手の施しようがないと見放された私たちに対して、「私がここにいますよ」と、ご自身の名前でよびかけられたのです。「私の煩悩と仏のさとりは　本来一つ」は、少し難しい内容です。仏から見たとき、仏と私とは、間に何の垣根もありません。私たちの苦しみを、わが苦しみと受け取る大慈悲心だからです。そしてまた、相手の命に自らの命を見るのが、仏の大智です。それを、「煩悩即菩提」とか、「生死即涅槃」と称しています。「正信偈《しょうしんげ》」にも、「生死即涅槃」とありますね。しかし、反対の「菩提即煩悩」とか「涅槃即生死」とは、言いません。つまり、仏の側から見て、「煩悩即菩提」、「生死即涅槃」とは言えても、私たちの側から見て、「菩提即煩悩」や「涅槃即生死」とは言えません。つまり、仏の側からは「本来一つ」であるのに、私たちの迷い心が、分別心という壁を造り、私たちの側から隔絶しているということです。

私たちの側には、さとりに至りうる因を、何一つ持ち合わせていません。そういう私たちを、「放っておけない」と立ち上がられた阿弥陀仏の救いの法を、疑いなく、そのまま受け取るところに、私の仏因が開きます。それが、「この愚身《み》をまかす　このままで」「救い取られる」ということになるのです。そのため、私たちの側からは、「ありがとう　といただいて」、「仏恩報謝のお念仏」を申し上げるほかないのです。

「自然の浄土」とは、浄土は大自然がいっぱいということではありません。「自然」とは、私たち凡夫の分別心を越えた「無為自然」、さとりそのもののことです。親鸞聖人のお手紙には、

行者《ぎょうじゃ》のはからひにあらず　（『註釈版聖典』七六八頁）

や、

かたちもましまさぬゆゑに、自然《じねん》とは申《もう》すなり　（『註釈版聖典』七六九頁）

などと示されています。私たち凡夫の思慮分別や言語表現という計らいを越えたさとりであり、この「自然」は、阿弥陀仏の浄土に往生することによって得られます。それを、

「正信偈」では、「証知生死即涅槃」として、「証知」と示されているのです。この身この世で「信知」するのではなく、浄土に往生してさとりを得たところで初めて「証知」するのです。

これもひとえに
宗祖親鸞聖人と
法灯を伝承された　歴代宗主の
尊いお導きに　よるものです

つぎに、二段目です。

この新しい「領解文」（浄土真宗のみ教え）は、二〇二一年四月十五日に「『浄土真宗のみ教え』についての親教」でお示しになった「浄土真宗のみ教え」を、ほぼそのまま受け継がれていますが、前半と後半の間に、この一段が付け加えられました。

浄土真宗の教えに遇うことができたのも、宗祖親鸞聖人の御教化と、この宗祖の御教化を相承された歴代宗主がたのご遺徳の賜物であると讃えられています。私たちもまた、八百年の長きにわたる法義相続の歴史の一員であることを再確認いたしましょう。

み教えを依りどころに生きる者　となり
少しずつ　執われの心を　離れます
生かされていることに　感謝して
むさぼり　いかりに　流されず
穏やかな顔と　優しい言葉
喜びも　悲しみも　分かち合い
日々に　精一杯　つとめます

最終段について味わってみます。

「み教えを依りどころに生きる者となり」とは、私たちの念仏生活の基礎部分です。私たちは、仏さまのみ教えを基準にした毎日を送るのです。それを第一章では、「南無阿弥陀仏の主に成る」というお言葉を通して、少しばかり述べました。

仏教の「縁起」の教えに出遇うことで、自分一人で生きているのではなく、多くの人たちに支えられ、生かされていることに感謝する身となります。

私たちの「むさぼり」「いかり」「おろかさ」の煩悩は、死ぬまで居座り続けますが、阿弥陀仏の「清浄」「歓喜」「智慧」の光の徳が、私たちの「むさぼり」「いかり」「おろかさ」に向けられ、私たちの側には本来なかった「穏やかな顔と　優しい言葉」が現れることがあります。

広島県出身の栗栖晶《くりすあきら》さんの詩『ありがとうのてがみ』の中に、「ありがとうはしあわせのあいさつです」との一文がありました。「ありがとう」と言われたら幸せな気持ちになれますし、「ありがとう」が言えるのは、その人の幸せの証しとも言えるでしょう。「穏やかな顔と　優しい言葉」という「和顔愛語」も幸せの挨拶と言えるのではないかと思います。阿弥陀仏のお慈悲に出遇った幸せの「おすそ分け」を、多くの人たちに伝えていきたいものです。

第三章　「生き方」を問うとは？

「非僧非俗」の生き方

親鸞聖人は、ご自身のことを「非《ひ》僧《そう》非《ひ》俗《ぞく》」（「僧にあらず俗にあらず」）と語っておられます。

『歎異抄』という、言わば親鸞聖人の語録集の附録として、巻末に「流罪記録」と称される一段があります。そこでは、法然聖人の門下の流れにあるとの自負が示されているとともに、当時の不当な「念仏弾圧」に対しての抗議の意思表明の意味があると考えられています。この「流罪記録」の中にあるのが、先の「僧にあらず俗にあらず」（『註釈版聖典』八五六頁）とのお言葉です。自分は、もはや鎮護国家を祈る「官僧」ではなく、さりとて、迷信・俗信に惑わされる「俗人」でもない、との力強い訣別の宣言です。

そこで、「浄土真宗では、なぜ祈らないか」というテーマについて、少し考えてみましょう。その理由には、次の三つがあると考えています。

・私たちの「祈る」内容が、どうしても「自分中心」の枠から逃れられないということが挙げられます。自己の欲望充足を祈るのであれば、自分だけの幸福であって、ともすれば、他人の不幸を祈っていることにさえなるからです。

・「祈る」内容が、「自分中心」ではなく、例えば、「世界平和」のように、公共的・普遍的なものであったとしても、自分の願いを仏に聞いてもらうのではなく、仏の願いを私が聞くという、方向性の違いが、根本にあるからとも言えます。

・「世界平和」であれば、この実現に向けては、私たち地球上の人類すべての営為や努力によって達成すべきものであって、安直に神仏に祈ることは、本来私たちがなすべき努力に目をつむり、因果の道理に反することになりかねない。

といった問題点が指摘できるでしょう。

過去の先人たちの営みを知る

真宗念仏者の「生き方」を問う上で、歴史的には過去の営みであっても、その時代、その時代において、またさまざまな地域において、真宗の信仰が一般の生活にまで深く浸透し、生活に密接に関わっていた時代があったことを、今日いくつもの事例で知ることができます。

一つの代表的な例として、「近江《おうみ》商人」を取り上げます。

宗教社会学の古典的名著として名高いものに、M・ウェーバーの『プロテスタンティズムの倫理と資本主義の精神』という書物があります。きわめて大雑把に言えば、近代資本主義が成立する端緒として、プロテスタントの信仰が持つ倫理性が深く関わっているとする論考で、この指摘は、宗教社会学だけでなく、経済学などにも大きな影響を与えました。このウェーバーの論理を日本に当てはめようとした最初の研究が、商家の家訓と真宗信仰を対比した、「近江商人と真宗信仰」というテーマでした。近江地方（現在の滋賀県）は、中世末期、本願寺第八代宗主の蓮如上人が、直接ご教化くださった地域で、真宗信仰が深く根付いていた場所です。この近江商人は、大阪商人の源流であり、そして、これが後の商都・大阪の礎《いしずえ》へとなりました。今でも、伊藤忠商事のような商事会社や、西武の前身である近江鉄道など、現在にまでその足跡を残す大企業が、元は真宗信仰に大きく影響されていたことが知られています。

二つ目には、真宗信仰上、ご法義地として知られている安芸《あき》地方（広島県中西部）について、これも宗教社会学の研究をご紹介しようと思います。ハワイやアメリカ西海岸や南米地区には、多くの日系人の移民が知られていますが、その多くが安芸地方の出身であることもまた、よく知られています。この相関関係に注目した研究によると、この安芸地方は、「安芸門徒」とも称されてきたご法義地でした。この地域では真宗の信仰の影響からか、「間引き」と言われる行為を忌避し、そのため生活に困窮し、海外移民へと向かわせたのではないかというのです。言うまでもなく、浄土真宗では、戒律を守ることを特に強要するものではありません。ところが、その真宗の盛んな地方の方が、「間引き」を避けようとしたと考える説です。もちろん、中絶だけが殺生《せっしょう》ではありませんが、戒律を強要しないはずの真宗地域における逆転現象を指摘したわけです。

「殺生」を考える時には、「共業」という視点も重要かと思います。「共業」とは、「共同の行為」くらいの意味です。「殺生業」においては、直接生き物の命を取るという立場の人だけが「殺生罪」ではないのです。例えば、漁業を生業とされる人たちは、直接に魚を殺す立場となるでしょう。しかし、その人たちに、そうさせているのは、食する私がいるからです。あるいは流通に携わる人たちも、その「共業」の輪の中にいます。つまり、どの地点にいるかの違いだけで、共通の輪の上にいるということです。

さらには、この「共業」という考え方の、もう一つの重要な点は、例えば、百人の人によってなされた共同の行為において、その責任は、一人が百分の一ではなく、一人ひとりが百パーセントの責任を負うという考え方です。

「出家主義」ではないことの意味——第二部への橋渡しとして

宗教の本来のあり方は、自己を問うことであって、社会と関わることは副次的に過ぎないと考える人たちもいます。そういう立場もありうるだろうとは思いますが、親鸞聖人という方は、自ら家庭を持ち、門徒民衆の人たちと生活の苦悩をともにしていかれました。すなわち、門徒民衆と同じ目線に立とうとされたのです。浄土真宗が「出家主義」を標榜するのならいざしらず、右のような親鸞聖人の生き方を知る私たちとしては、社会と無関係を貫く方向にではなく、多くの人びとと苦悩をともにする生き方を、社会と積極的に関わっていくことが求められるはずです。前節で見たような過去の念仏者たちにおいては、念仏を中心としつつ、信心が生活と密着していました。

私たち念仏者も社会の一員なのであって、今日の社会の現実に、具体的に関わっていく必要があるはずです。この提起を続く第二部への橋渡しとして、第二部においては、直面する現代社会の諸問題に具体的に向き合い、念仏者としての対応の方向性にも目を向けたいと考えるものです。

（浄土真宗本願寺派総合研究所副所長〈所長職務代行〉）

第二部

宗門のいま

序にかえて

――「ともに」と「まま」から考える仏教の実践

藤丸智雄《ふじまるともお》

ここでは、ご門主の二つのお言葉をたよりに、仏教における実践について考えてみたいと思います。一つは「ともに」です。そして、もう一つは「まま」です。この二つの言葉を方位磁針にしながら、釈尊の説かれた仏教という広大な地図のほんの一部を歩いてみようと思います。そこから、仏教・浄土真宗の社会への関わり方の可能性を考えてみます。

屋根を修理する僧侶たち

お墓や葬儀を研究されているK先生が、カンボジアからメールをくださいました。そこには、真っ青な空のもと、朱色の法衣をまとったお坊さんたちが、屋根に上っている写真が添付されていました。屋根の上でする修行があるわけではありません。強い風が吹いて、信者さんの家の屋根が壊れたのです。すぐに近くの寺院の僧侶たちが大工道具を携えて集合!!　金槌《かなづち》でトンカンするのも僧侶、現場監督も僧侶、修理の間信者さんと茶飲み話で盛り上がるのも僧侶。そんなことがわかる、なんとも微笑ましい写真でした。もちろん、すぐに修理してくれる業者さんや、さまざまな行政サービスが充実していれば、僧侶の出番はなかったでしょう。しかし、そうはいかないカンボジアの田舎です（私の子ども時代、昭和四十年頃もそうでした）。若者が街に出て行っている田舎町では、僧侶も地域の立派な労働力なのです。

このエピソードは、伝統的な仏教のあり方を考えさせてくれます。

例えば、日本全国津々浦々に、弘法大師《こうぼうだいし》空海《くうかい》さんが造った（と言われる）池、橋、発見したとされる温泉がありますよね。香川県の満濃池《まんのういけ》は特に有名です。おそらく、そのうちの幾ばくかは、空海さんが本当に見つけたり造ったりされたのだと思います。ただ全部は、ちょっと無理があるので、私はつい想像してしまいます。当時の僧侶たちは、色んなスキルや情報を持っていて、地域の困りごとに対応してきたのではないかと。それが「あのお坊さんは弘法大師の弟子筋らしいよ」と言われていたのが、さらに「弘法大師さまが造ったものらしいよ」と箔《はく》付けされ、伝説化していったのではないか……と勝手に妄想して楽しんでいます。

あくまでも勝手な想像にすぎないわけですが、重要なポイントが一つあります。こうした エピソードの背景に見える、寺院と地域の人びと・僧侶との近さです。

「ともに」という言葉

ご門主のお示しの中で、「ともに」「共に」という言葉が多く使われています。また「宗制」前文には「本宗門は、その教えによって、本願名号を聞信し念仏する人々の同朋教団であり、あらゆる人々に阿弥陀如来の智慧と慈悲を伝え、もって自他共に心豊かに生きることのできる社会の実現に貢献するものである」と示されています。この「ともに（共に）」は、大乗仏教を味わう上で、とても大切な言葉です。

大乗仏教は「利他」を強調しますから、「布施《ふせ》（与える）」や「忍辱《にんにく》（耐える）」など、他の人びとに関与する要素が積極的に取り入れられていきます。ただ、最近の研究からは、大乗以前にも、仏教の僧侶が人びとに関わらなかったわけではないと言われています。たとえば、大乗以前において、僧侶が信者さんたちとともに仏塔（釈尊の遺骨等が納められている場所）の運営に関わっていたというのが現在の定説です。

このように（カンボジアで僧侶と人びとがともに生活しているように）、僧侶の存在は人びとにとって元々身近なものであったらしいのです。

大乗仏教は、他者に関わることを奨励したというより、他者に関わる仏教を、実践の哲学の上から捉えなおし解釈しなおし、さらに在家の救いや悟りという要素も入れて教義化したと言えるでしょう。つまり、仏教は人びとと「ともに」生きる宗教であり、大乗は、積極的にそれを内部化し、その意味を究極まで深めていったのです。それが表れているのが、例えば「回向句《えこうく》」です。お経を読んだ後、「がんにし～くど～く（願以此功徳）」と読誦《どくじゅ》されますよね。この言葉の中に「平等にすべてのものに施し」「ともに菩提心をおこす」とあり、まさに「ともに」仏となっていく道が願われています。

実践は死後にも続く

ただし、この世界で利他行に励むというだけでは、仏教の宗教性としては不充分です。仏教で他の者に関わるという場合、この世界での命が終わったのちも、精一杯、人びとの救済に尽くすことをも意味しています。親鸞聖人は、往相《おうそう》回向・還相《げんそう》回向ということを、とても大事にされました。往相回向とは、阿弥陀如来のはたらきによって浄土へ生まれていくことを意味しています。もう一つの還相回向は、浄土で仏になった後、この世界で救いのはたらきを行う面を表しています。浄土からこの世界にもどってくるので、「還る（かえる）」という言葉が使われているのです。

たとえ、この世で精一杯生きたとしても、やり尽くせないことばかりです。ほとんど全ての人は、何かしら、後ろ髪を引かれる思いで、この世界を離れていくのではないでしょうか。その中には、残していく人びとのことが気になって仕方ない方もおられますね。七十五歳で亡くなった私の母は、最期まで、父の普段着のことを気にしていました。肺炎で吸える酸素の量が普段の八〇パーセントくらいになっても「父ちゃんに、スーツを買ってやってくれ」「父ちゃんに、新しい靴も買ってあげてくれ」と言い残して往生していきました。

先にこの世を離れた念仏者は、阿弥陀如来の救いによって、今まさに、仏となって私たちを包み導いている（＝仏とともに）、そのはたらきによってお浄土へ生まれたら、今度は自分が仏となって救いを実践する（＝人びとととともに）という連鎖の中で、利他を完成させていくのが浄土教という大乗仏教の特徴です。仏と人間と境界が分かれても、「ともに」あり続けるのです。

欲望の外へ出られない私たち人間の不完全な実践は、仏になるという点においては無意味です。しかし、その不完全さの悲劇が無限の救いに受け止められ、仏としての利他の道へ繋がっていく、それが「ともに」の信仰世界です。

本願寺では、コーラスが盛んで、年に一回、本願寺に参拝して合唱する御堂《みどう》演奏会があります（現在は「音御堂《おとみどう》」と称しています）。新型コロナウイルス発生前には、それこそ立錐《りっすい》の余地がないほど沢山の人が集まって、ともに歌いました。浄土真宗本願寺派総合研究所で仏教音楽部門を担当されていた佐々木正典先生は、「本願寺のコーラスは、亡くなられた方とも一緒に歌うのですからね」と御堂に集まった方々にお話しされていました。合唱も仏さまと「ともに」なのです。

では他の者とどうかかわっていくのでしょうか。次は、「まま」という言葉について考えてみたいと思います。

「まま」という言葉

「まま」は、「そのまま」「ありのまま」「このまま」「見たまま」「言われたまま」といったように、色んな言葉とくっついて使われます。ご存じの方もいらっしゃると思いますが、この「まま」は浄土真宗の法話や書籍でも、よく使われる言葉です。また、ご門主のお示しにも「まま」という言葉が多く用いられています。例えば、新しい「領解文」（浄土真宗のみ教え）は、次のことばで始まります。

「われにまかせよ　そのまま救う」の　弥陀のよび声
私の煩悩と仏のさとりは　本来一つゆえ
「そのまま救う」が　弥陀のよび声
南無阿弥陀仏

とても印象的なメッセージですよね。この印象的な発信の中に「そのまま」が二回出てきています。

さらに、お示しでは「まま」が仏教にも、浄土真宗の教えにも用いられていて、あたかも「まま」が、仏教と浄土真宗の教えの両方を結びつけているかのように感じられます。例えば、二〇一六年のご親教「念仏者の生き方」には、次のようにあります。

仏教は今から約二五〇〇年前、釈尊がさとりを開いて仏陀となられたことに始まります。わが国では、仏教はもともと仏法と呼ばれていました。ここでいう法とは、この世界と私たち人間のありのままの真実ということであり、これは時間と場所を超えた普遍

的な真実です。（傍線、筆者）

このように、釈尊が説いた仏教について説明する中で「ありのまま」が使われています。一方、次のような使われ方もしています。

阿弥陀如来とは、悩み苦しむすべてのものをそのまま救い、さとりの世界へ導こうと願われ、その願い通りにはたらき続けてくださっている仏さまです。この願いを、本願といいます。我執、我欲の世界に迷い込み、そこから抜け出せない私を、そのままの姿で救うとはたらき続けていてくださる阿弥陀如来のご本願ほど、有り難いお慈悲はありません。（傍線、筆者）

こちらも、同じ二〇一六年のご親教の内容です。この箇所では、阿弥陀如来の慈悲を説明する上で、「そのまま」という言葉が二度使われています。

「ありのまま」の仏教的な意味

辞典で「まま」を調べてみると、多様な意味があります。全十四巻もある『日本国語大辞典』（小学館）を参考に大別すると、「追従して行動する」「そのものとかわらない」「他のことをしない」「勝手にする」といった意味があります。例えば、「わがまま」という言葉がありますが、これは最後の「勝手にする」にあたります。

この「まま」に「あり」が付くと、「ありのまま」になります（辞典ではふたつ目の意味になります）。仏教では「如実知見」、「ありのまま」に見るということを言います。仏教における真理とは、神のお告げのようなものではありません。人間が自己中心的な見方を離れて「ありのまま」にものごとを見ることによって、明らかになってくるものを、仏教では真理として示してきたからです。

仏教が創唱された当時、インドで盛んだったバラモン教は、リシ（神仙）によって、神の言葉が伝えられるという宗教でした。ユダヤ教・イスラームも、預言者が神の言葉を預かり、人びとに伝えるという宗教です。これらは、いずれも、人間から断絶・超越した神から教えがもたらされます。これに対して、仏教では人間が真理を見出していくのであり、これが他の宗教とは異なる特徴となっています。

しかし、「ありのまま」に見ることが、とても難しいのです。「ありのまま」に見ることの大切さを説く一方で、「ありのまま」に見られないことで自己に執着し、苦しみを生じさせるのが人間であるとも、仏教は説きます。自己への執着から「わがまま」になるのは簡単なのですが、「ありのまま」にものごとを見ることは容易なことではないのです。

諸行無常という「ありのまま」

釈尊が説かれた「ありのまま」の根本は「諸行無常」です。すべての作られたものが変化してやまないということを意味しています。これは、科学の発展した現代でも、変わらない真理の一つです。ものごとは、放っておくと無秩序な状態へ変化していきます。科学では、それを「エントロピー増大の法則」と呼びます。人間にあてはめれば、やがては老い、病になり、死を迎えるということです。この変化は不可逆で、今のところ、八十歳の人間が十八歳に戻ることはできません。

ただ、変化してやまないことは、ネガティブなことばかりではありません。変化するからこそ、闇に覆われた今日から、明日に光を見出すこともできるでしょう。仏教でいえば、人間が仏になっていくことが可能なのは、諸行無常だからです。変化することができなければ、いつまでも愚かで欲の多い存在にとどまってしまいます。

東日本大震災について書いた『ボランティア僧侶』（同文館出版）に、こう書きました。

「無常」とは変化することであり、なくなることではない。あの人が、私には感じられる。

形が与えられることを「生まれる」と言い、形があることを「生きている」というのなら、たしかに、大切なあの人は「死んでいる」のかもしれない。しかし、あの人が終わったわけではない。滅するのは、ただ形だけである。

「無常」という言葉を「無」に直結させてしまいがちです。たしかに、命あるものが変化していき、老いて死んでいくことを「無常」は意味しますが、変化とは「無くなる」ことではありません。このように「無常」は、存在していることの「ありのまま」へと、私たちを導く言葉です。

この仏教を貫く「諸行無常」こそが、仏教の三つの印（三法印）の一つ目であり、ここを源泉としない教えは仏教ではありません。浄土真宗が、徹底して生死を説き続けるのは、まさに浄土真宗が仏教だからです。

基準を求めつづけてやまない心

釈尊によって「諸行無常」が説かれたのは、二五〇〇年ほども昔の話です。それならば、私たちは、この世界の本質を知って、迷いを離れ、より良い生き方を選ぶことができていそうなものです。

しかし、なかなか、そうはなっていません。先述の通り、ありのままの世界のあり方、ありのままの自分自身、ありのままの他者を受け入れることがとても難しいからです。

善悪の基準があれば、善でありたいと感じます。優劣があれば、優れていたいと考えます。周りと比較し、なるべく豊かでありたい、普通でいたいという思いも生じます。そうしたあり方は、悪を批判し、劣るものを排除し、自分の価値に合わない少数者を攻撃する心と表裏です。それは人間の本性のようなもので、そうした見方を好み、なかなかそこから離れることができません。ただ善悪という物差しで単純に判断するのが難しいのが、「ありのまま」です。

それでも、何かしら基準・根拠になるものを求め、無理矢理、能力、人柄、効率、生産性、創造性……と、互いを評価する基準を作り続け、それに合わせようと「このまま」ではいけないと努力します。欲望に生きる私たちが「このまま」で良いわけではありませんが、欲望のままで作り出した「ありのまま」ではない価値観に合わせて右往左往すれば、大切なものが見失われ、誰かが阻害され、相も変わらず、生きにくい世界を再生産することでしょう。

「ありのまま」という言葉は、欲望が生みだす価値判断への違和感を、私たちにもたらしてくれます。

自ら作り出す価値観に縛られる

仏典には「蚕繭自縛《さんけんじばく》」という言葉があります。蚕《かいこ》が、自分の吐き出した糸で自分を繭の中に閉じ込めてしまうように、人間は自分自身が作り出した価値判断の糸で、自分を縛り付けてしまうのです。浄土教の七高僧（浄土の教えを伝えてくれた七人の祖師の方々）のお一人である曇鸞《どんらん》大師が著された『往生論註』にも「蚕繭の自縛するがごとし」と出てきます。

私たちの「ありのまま」の在りようを、そのまま見ようとすることは、人間が欲望のままに作り出した自縛に気づく契機となります。それは自縛の価値観を揺るがせ、偏見や差別を是正する力ともなりえます。この視点は、仏教・浄土真宗の信仰が社会にもたらす重要な力の一つでしょう。

「死にたい」というありのまま

例えば、「なぜ、釈尊は自死者を断罪しなかったのでしょうか」。仏は「死にたい」という気持ちを抱えた人を、そのまま見られたからです。もし「自死」を善悪にあてはめ、「悪」だと決めつけてしまったら、どうなるでしょう。

ひろのはこさんが描いた『となりの希死念慮さん　死にたい気持ちと付き合う』というマンガの中に、こんな言葉が出てきます。

「死んではいけない」のだから、自然と「死にたいと思ってはいけない」ということになる。それは私にとって、ものすごくつらいことだった。……ポジティブになろうとすると（死にたいと思われないようにすると）こんなに苦しいのに……これだったらひたすら死を願っていた時の方が楽だったと思った。私にとって、死を願うことが、ずっと気持ちの逃げ場だった。死にたいと思えない方がつらい、生きづらいなんておかしいだろうか。でも、そうなんだと気づいた私は、死にたいと思うことを自分に許した。

（五一～五三頁、傍線筆者）

「死にたい」と思うことが悪いことと決めつけると、「死にたい」と思う心を隠したり、自分の心を否定したりしなくてはいけなくなります。逆に、「死にたい」と思う自分を許すことで、ひろのさんの気持ちに変化が起きてきたと綴られています。ありのままの自分を否定しなくていいという変化が生まれたのです。

実は、仏典の中には、「死にたい」気持ちを吐露する仏弟子の話が出てきます。「死にたい」という気持ちを懐《いだ》くのも、人間のありのままの姿です。釈尊が「死にたい」を断罪しなかったから、仏弟子は素直に自分の気持ちを伝えることができました。誰もが死を恐れます。だから、死をなるべく見えないようにします。しかし、誰もが死ぬし、誰にも「死にたい」という気持ちが生まれる可能性がありますから、死を排除しようとすると、死が身近な人は、見えにくい場所に身を隠さなくてはなりません。あるいは自分を偽って、「命は大切」というまぶしい光の中で生きなければなりません。これは、とても苦しい生き方です。

本願寺派の僧侶もたくさん参加している認定NPO法人「京都自死・自殺相談センター」という組織があります。「死にたい」という思いを持った人びとからの電話相談などを行っています。この組織の別名は「Sotto」です。「Sotto」は「そっと」です。「そっと」というのは、良い言葉ですよね。「そっと見守る」「そっとしておいてあげる」……。無視したり、ほったらかしにしているわけではありません。心配なのだけど、ずかずかと入り込むのでなく、少し距離を開ける、でも見守りつづけているといったニュアンスを持つ言葉です。もし「死にたい」人について、決めつけをしたり断罪したり、批評したりすると、その方は、ありのままの自分でいられなくなります。その人のありのままを尊重し、そのままに受け止められるよう努めることは、まさに「ありのまま」を大事にする仏教を生きる姿です。

「ともに」というと、誰もが社交的になり、積極的に共同して活動すると誤解する方もいらっしゃるでしょう。しかし、「そっと」という「ともに」のあり方も、仏教的なものなのです。

こうしたものの見方は、自死だけにあてはまるものではありません。いろいろなことにあてはまります。簡単に善悪で判断し、分断を引き起こしてしまっている現代社会においては、強く確かなメッセージとなるはずです。

方言となった仏教語

日本には、地方地方に、とても味わい深い方言がありますが、広島や、その近くの地域では（最近はあまり使われなくなったようですが）「ごうなのう」「ごうなことよのう」という言葉があります。その他の地域では使用されていないので、「方言」と言って良いでしょう。例えば、悪さをした子どもを「ごうなのう」と叱ったりします。

この言葉が、いつ頃から使われるようになったのかは定かでありません。実は、この「ごうなのう」には、漢字を当てはめることができます。皆さん、お分かりでしょうか。答えは「業」です。「業」は大事な仏教語です。人間のふるまいを表現する言葉です。そして、仏教では、どのような心で、そのふるまいが起きたかを重視します。その心を、意業（心のふるまい）と言います。行為の良し悪しを結果で判断することは、とても難しいことです。良かれと思ってした行為が、結果として迷惑をかけたり、誰かを傷つけたりすることは、往々にしてありますよね。仏教では、結果ではなく、原因となる心の面を重視します。そして、その原因となる意業は、なかなか煩悩（欲望）から離れることができません。そのような煩悩いっぱいの心で行動したら、「ごうなのう」と叱られるのです。仏教の言葉なので「仏教方言」と言ってよいかもしれません。

広島出身のコンサルタントのYさんが、「わしは安芸門徒（広島県西部の真宗門徒）じゃからな。〈ごうなのう〉という言葉で育ってきたんじゃ」と嬉しそうに仰ってくださいました。〈ごうなのう〉という言葉が、ただ誰かの自分中心的な行動を批判するものなら、大した重要性はないでしょう（例えば「自業自得」という言葉が一人歩きし、自己責任論に結びつけられたり、誰かの不幸が過去に行った行為で決定するという偏見を生むこともあります）。先に触れた通り、〈ごうなのう〉は人間の根本的な有り様を示す言葉であり、〈ごうなのう〉はこの「私」が煩悩いっぱいで生きていることを必ず含意します。そのため、互いに〈ごうなのう〉なのであり、この世界が煩悩いっぱいの人間で創られたものであるという気づきにもなります。私もあなたも〈ごう〉な生き方しかできないのであり、むしろ〈ごう〉こそが、すべての者をつなげる結び目とも言えます。すべてを漏らすことなく救うという阿弥陀如来の願いは、この結び目に向けられています。だからこそ、すべての者が救われるのであり、人間は、この欲望を持つもの（煩悩具足）という一点において、「ともに」救われていく者であることが実感されていくのです。

Yさんは、「浄土真宗の僧侶には、その教えの価値を世界に発信していく気概がありますか」とも仰いました。広島の方々が、仏教を大事にされ、浄土真宗を生きる喜びとされ、生活の中に活かしてこられたように、（方言になるくらいまで）教えが生活や政治、経済に反映され、世界にまで響いていくことを期待されての言葉でしょう。

仏教・浄土真宗が社会にかかわっていくには、何らかの基本的な立場が必要です。それに当てはまるものは沢山あることでしょうが、今回は「ありのまま」と「ともに」という二つの言葉が含意する深遠な仏教哲学から、社会につながっていくための基本的な立場について考えてみました。

簡単にまとめれば、「まま」で「ともに」生きられる場所や機会を生むように、社会に関わることが大事ではないでしょうか。仏による十方衆生の救いの中で、欲望から離れられない者が、互いの欲望によって断絶するのではなく「ごうな」者同士として、小さな結び目でつながり合うという考え方を、現代社会に提案したいと思います。

（武蔵野大学非常勤講師、前浄土真宗本願寺派総合研究所副所長）

地球の未来のために、私たちができること

――環境問題といかに向き合うか

髙橋一仁《たかはしいちじん》

地球温暖化問題の現状

地球の人口は、二〇五〇年には一〇〇億人近くになると予測され、この惑星を揺るがすほどに膨張しています。人間が植物採取や狩りなどで暮らしていた時代は、環境に与える影響が極めて小さなものでした。そのため、人間の影響が自然界の回復力を超えることなく、大きな問題となりませんでした。しかしその後、文明の発達に伴い人口や活動規模も増えていきました。それまでとは桁違いの生産と消費は、自然界の回復力をはるかに超え、地球環境に深刻な問題をもたらすようになったのです。

様々な環境問題や気候変動問題の中でも、特に地球温暖化への危機感は強く、世界各国

で対策の必要性が叫ばれています。それにもかかわらず、この問題は未だ解決の目処《めど》がたっていません。もはや対症療法では不十分で、根底にある「私たち」と「社会」の歪みを見なおしていく必要があるのかもしれません。

地球温暖化の問題は、極端な暑さや寒さなど、私たちの日常からもひしひしと感じます。加えて、台風や豪雨などの被害も増えました。世界的にみても、洪水や干ばつが増えたことによって食糧危機が増大し、海抜の低い地域や小さな島国では、海面上昇や高潮による浸水被害が発生しています。また、これらの影響により生活の場を失った人々が難民となることや、それをきっかけにした社会の混乱、紛争、貧困問題など、被害が連鎖的に拡大していくことも懸念されています。

一九八〇年代の後半、地球温暖化は二酸化炭素などの温室効果ガスに起因している、との危機感が広まりました。こうした温室効果ガスは、人間活動の拡大に伴って大量に排出されてきたものです。そのため、国連をはじめとした世界各国の専門家や政府、企業などが議論を重ね、二〇一五年十一月には、ＣＯＰ21（国連気候変動枠組条約第二十一回締約国会議）において、温室効果ガスの排出量を削減する義務目標が定められました。これが「パリ協定」といわれるもので、すべての国と地域が対象となっています。

なぜ地球温暖化の解決は難しいのか

しかしながら、依然として世界における二酸化炭素の排出量は増え続けています。世界の多くの人々が深刻な状況を知り、各国の政府や地方公共団体、企業などが削減への取り組みを進めて三十年以上が経過しているにもかかわらず、なぜそのような状況にあるのでしょうか。

第一には、技術革新への過度な期待が考えられます。世界では、二酸化炭素をはじめとした温室効果ガスを排出する石油・石炭・天然ガスなどの化石燃料から、太陽光、風力、水力、地熱、バイオマスなどの再生可能エネルギーへの転換を急いでいます。また、二酸化炭素を回収し貯留する革新的な技術であるＣＣＳ（Carbon dioxide Capture and Storage：二酸化炭素の回収及び貯留）の実用化が期待されています。しかし、再生可能エネルギーの発電量構成比率は増加するものの、現状の社会や生活を維持できる段階には未だ至っておらず、ＣＣＳも実用化までの見通しが立っていません。つまり、先の見えない不確かな技術をあてにして、問題の解決を先送りにしているのです。

このような状況下、代替案として二酸化炭素の排出がなく、かつ発電コストが安いとされる原子力発電が推進されつつあります。特にアメリカ、フランス、英国、中国、そしてロシアなどの国々は、これに積極的です。

しかし、東京電力福島第一原子力発電所の事故などが示すとおり、原発事故がもたらす被害は極めて甚大です。加えて、発電に伴い発生する、核廃棄物の放射能が無害なレベルにまで減衰するには、半永久的な時間を要します。このことは、放射能の影響を受ける地域や将来世代の人々という自分以外の誰かに、その危険を押しつけることを意味します。原子力発電の推進には、こういった倫理的な観点からも今後議論を重ねていく必要があるでしょう。

第二には、経済偏重の価値観があります。基本的にエネルギー消費量と経済成長には相関関係があり、経済成長するためには、安価な化石燃料を大量に消費したほうが有利であるという現状があります。こういった構造と経済成長へのあくなき欲求が削減を滞らせ、地球を温暖化させている面は否定できません。

第三には、人間のより根本的な問題があります。かつての環境問題には、明確な影響を与えた特定の「加害者」がいました。しかし、今日の温暖化問題には特定の「加害者」はいません。なぜなら、この問題は私たち一人ひとりの「生活の総和」だからです。しかしこの認識では、一人ひとりの責任は薄まってしまい、「自分だけが変化しても意味はない」、または「努力した自分だけが損をする」と、考えてしまいがちです。こうした「自分の利害に関わること」「今のこと」「すぐ先のこと」にしか興味がもてないような私たちの自己中心性が、温暖化を解決する上で大きな障壁となっています。また同様に、この自己中心性が、「科学技術」や「経済」偏重の社会をもたらしているともいえるでしょう。

こうした現状に対して、本願寺第二十五代専如門主は、「伝灯奉告法要御満座の消息」において、「思うままに電力を消費する便利で豊かな生活を追求するあまり、一部の方々に過酷な現実を強いるという現代社会の矛盾の一つが、露《あら》わになったということができます。自分さえ良ければ他はどうなってもよいという私たちの心にひそむ自己中心性は、時として表に現れてきます」と、お示しになっておられます。加えて、前門主にあたる第二十四代即如《そくにょ》（大谷光真《おおたにこうしん》）門主は、「退任に際しての消息」で、「国内では大小の天災・人災が相次ぎ、経済価値が優先された結果、心の問題も深刻化しました。世界では、武力紛争、経済格差、気候変動、核物質の拡散など、深刻なあるいは人類の生存に関わる課題が露わになりました」と、お示しくださいました。

私たちにできることと、お寺の役割

こうした現状において、私たちにできることは、まず自身の生活を振り返ることではないでしょうか。

温室効果ガスの代表である二酸化炭素は、化石燃料を燃やしたときに大量に排出されます。私たちの暮らしはスマートフォンやテレビ、エアコンなど多くの電化製品によって成り立っていますが、その電力は発電所で作られています。日本の場合、化石燃料を燃やす火力発電が中心ですから、電気を使えば使うほど、二酸化炭素が大量に排出されることとなります。それ以外にも料理やお風呂、ごみの処理、自動車による移動、季節外れの野菜の栽培、工場でのものの生産や国内外への輸送など、私たちの暮らしの中で化石燃料を燃やす機会は枚挙にいとまがありません。

このように、私たちが享受している便利で豊かな生活は、大量の二酸化炭素を排出することで成立しています。そしてその裏側には地球温暖化による被害を受ける人の存在があるのです。誰かの犠牲によって成り立つ豊かさは、本当の豊かさとは言えないでしょう。

こうした現実から、あらためて私たち一人ひとりの自己中心性と社会の仕組みを見つめなおしていくこと。それが、地球温暖化の解決に向けた第一歩となるでしょう。

その上で、いのちのつながりを大切にするお寺の「場」や「コミュニティ」の力、そして、み教えがもつ人々の価値観を転換させるはたらきが果たす役割は大きいはずです。それが「仏教・浄土真宗のみ教えを伝える」お寺にできることではないでしょうか。

おわりに

浄土真宗本願寺派総合研究所では、宗門内に限らず現代社会を見据えた研究をおこなっています。

数ある現代社会課題の中で、この環境問題に関しては研究所部会を一九九二年度に立ち上げ、「社会学」「経済学」「哲学」「仏教学」、そして「真宗学」といったあらゆる視点から議論を重ねました。その成果を二〇〇〇年に書籍『環境問題を考える』、二〇〇二年にはブックレット『宗教と環境』として発刊しました。この二冊では、宗教は環境問題にどのように関われるのか、また環境問題を宗教者はどのように受け止めるのかが論じられています。

その後、気候変動問題への関心の高まりを背景として、外部の研究機関やＮＰＯなどと研究会を重ねてきました。その成果を宗門の機関誌である『宗報』並びに浄土真宗本願寺派総合研究所のウェブサイトに「気候変動問題を考える【シリーズ】」と「持続可能な環境を実現するまちづくり【シリーズ】」として連載を行いました。そこでは、気候変動問題に対する国内外の現状や対応、エネルギー問題をどのように考えるのか、私たちには何ができるのか、など多岐にわたる内容が発信されています。重ねて、宗門のウェブサイト「他力本願.net」のコラムにおいては、行政やそこに提言を行う国際的な研究機関、環境活動を行う若者たちのグループなど、実践的な取り組みについても宗門内外へと発信してきました。

地球の環境について考えることは、私たち一人ひとりの生き方を改めて問い直すことでもあります。これまでの研究所の取り組みが、自他共に心豊かに生きることのできる社会の実現に向けての一助になれば幸いです。

（浄土真宗本願寺派総合研究所上級研究員）

同性婚と浄土真宗の歴史

藤丸智雄

同性婚をめぐる動向

二十一世紀早々、オランダで同性婚が法制化されました。その後、続々と同性婚を法制化する国が出ました。逆に、同性愛行為を禁止し、罰する法律が半世紀程前まで普通に存在していたことを考えれば、大きな変化が瞬く間に起きたように感じられます。もちろん、そこに至るまでには、多くの方々が同性愛を表明し、差別や迫害と闘ってきた歴史があります。

アジアでも台湾では法制化されました。しかし、アジア全体では、あまり広がりをみせていません。日本においても同性婚の権利は、まだ法律によっては認められていません。しかし、各種世論調査などを見ると、すでに「同性婚を認めるべき」と考える国民が半数か、それ以上を占めるようになっています。国民意識の方は、随分と変化しているように思われます。

それを受けて、「パートナーシップ制度」を導入する自治体が増えています。国の法律において同性婚が認められていなくても、自治体レベルの条例などを根拠として、婚姻に準ずるような権利を認めていこうという動きです。例えば、生命保険の受取人は、パートナーシップ制度によって発行される「パートナーシップ証明書」（自治体によって呼称は異なります）があれば、（保険会社によって対応が違うようですが）受取人として認められるようになりつつあります。携帯電話の家族割なども、この制度によって認められる権利の一つです。二〇二二年、二百以上の自治体で、パートナーシップ制度が導入されています。

もちろん、法律に基づく婚姻ではありませんから、できないことも沢山あります。例えば火葬。お寺と深い関係にあるものですが、火葬の許可は誰でも出せるわけではありません。書類に関係を示す記載がある都合上、すなわち住民票や戸籍謄本による証明があれば簡単なのですが、これらは国の法律によって規定されている書類のため、同性同士の関係は記載されていません。そのため手続きが容易ではないのです。

同性婚に関するアメリカ浄土真宗の先進的取組

以前、『宗報』に「アメリカ浄土真宗に学ぶ」というシリーズ（全三回）が連載されました。アメリカで僧侶として活動されているミヤジ・タカシ先生にインタビューした記事です。

ミヤジ先生は、カリフォルニア大学バークレー校で哲学を学び、その後、慶應義塾大学に留学。二〇一三年から二〇一六年まで龍谷大学大学院修士課程ならびに博士課程に在籍し、「浄土真宗と倫理」というテーマで研究をされてきました。京都へ来られてからは、浄土真宗本願寺派総合研究所や浄土真宗聖典英語翻訳委員会などで活躍され、現在はアメリカに戻りIBS（米国仏教大学院）で活躍されています。この経歴からわかるように、日本とアメリカの浄土真宗について、とても詳しい方です。この企画は、日本の浄土真宗と対比しながら、アメリカの浄土真宗について説明されたもので、とても面白いお話になりました。三回ともHP上で読むことができます（「アメリカ浄土真宗に学ぶ」で検索できます）。是非、ご覧ください。二回目は「同性婚をめぐって」というものでした。その中の一節を引用しましょう。

二〇〇八年にカリフォルニア州が法的に同性婚を認めました。二〇一五年には、最高裁判所が同性婚を容認する判決を出しました。

（以下の引用は、すべて『宗報』二〇一六年八月号）

このように、アメリカではカリフォルニアがいち早く法制化しました。ただ、アメリカの浄土真宗の活動は、これに先立つものでした。「（本願寺派の）ＢＣＡ（米国仏教団、筆者注）はこれまで四〇年間ほど、同性婚（Same-sex marriage）を認める立場をとり続けてきました」とお話しくださっています。一九九〇年代のことです。皆さんご存じの通り、同性愛反対の背景には「『聖書』の中で、明確に同性婚が禁止されている」ため、宗教的反対があります。そうした中で、世界的な広がりを持つ仏教という宗教が、同性婚を認める発信を行ったことは、大きな力となったことでしょう。

ジョージ・タケイさんの同性婚

こうした動き・活動を背景として、お寺で同性同士の結婚が行われます。

二〇〇八年にジョージ・タケイ（George Takei）さんという、『スター・トレック』シリーズに出た有名な俳優が、全米日系人博物館で、浄土真宗の僧侶の司婚による同性同士の結婚式を挙げました。これは全米の数々の新聞やテレビ番組で報道されました。

おそらく多くの方が『スター・トレック』のことを知っていらっしゃると思いますが、簡単に説明しておきましょう。一九六六年にテレビシリーズとしてスタートし、今も新しいシリーズが製作され続けている人気SFドラマです。舞台は二十三世紀の宇宙。銀河系で活躍する宇宙船U．S．S．エンタープライズ号の話です。乗組員として沢山のキャラクターが登場し活躍します。

多くの方々に愛され続ける本シリーズですが、この作品の舞台は二十三世紀で、すでに差別や偏見がなくなった世界として描かれていたことを、皆さんはご存じですか。そのため、エンタープライズのクルーには、さまざまな人種のみならず、ミスター・スポックのような異星人までいます。そして、互いに葛藤しながらも助け合うというドラマが展開されます。その中のアジア人として出てくるのが、ジョージ・タケイさんです。エンタープライズ号の操舵の任務を負うヒカル・スールー役（日本語版ではカトウ役）で登場されています。

差別・偏見をなくすというテーマで描かれた『スター・トレック』の俳優が、同性婚を認めたカリフォルニア州で、浄土真宗寺院（ロサンゼルス別院）の僧侶の司婚による式を挙げられたのは、二〇〇八年九月十六日のことでした。二十一世紀の初頭に、一つの扉が開かれ、偏見と差別がなくなる二十三世紀へ続く道への扉が開いたのです。

十方衆生の倫理

それにしても、なぜお寺が先駆けとなったのでしょうか。

一九七〇年代にもお寺で同性の結婚式が行われています。

ミヤジ先生は、当時の資料を調べたそうです。しかし、「当時、ＢＣＡの中で時間をかけて議論をしたという形跡がほとんど見あたりませんでした」という結果だったそうです。その理由をミヤジ先生は、こう推測されています。

おそらく、「教義的にも同性婚を否定する内容は見あたらない」という理由などをもって、認めていったのではないでしょうか。

更に教義上からの積極的な評価もされています。

言うまでもなく、第十八願に示されるように、阿弥陀さまのお救いは、「十方衆生《じっぽう》」、すなわち人種や性別、国や地域を越えてすべての人びとに届けられるものです。もちろん、個々人の性別や思想、感情の違いによって、救済の対象から漏れてしまうことなどありえません。だとすれば、当然、同性愛者の人たちもそこから排除されることはないのです。……（中略）……阿弥陀さまの救いをいただく私たちは、「排除しない」という態度を、日頃から心がけることが大切ではないか……

本書のテーマは、浄土真宗が社会とどう関わっていくかですが、ここに一つの答えが示されているようです。私たちは社会の中で排除されている人びとを見出し、そこに関わっていくことによって、阿弥陀さまが願われた「十方衆生」という言葉の内実を豊かにすることができます。逆に、「十方衆生」と口には出しても、取り残されている人に無関心であったならば、「十方衆生」という言葉は空虚な響きしかもたなくなります。

ミヤジ先生は、最後にこう言っています。

宗制でうたわれる「自他共に」の「他」とは、決して「同質な者同士」ばかりでないという視点が、とても大切だと思います。

自分にとって大切な者だけを救いの対象にするなら、それは一方です。関係のある人、例えば同じ地域の人、同じ信条の人――同質な者――を助けるとしても、せいぜい二方の衆生、三方の衆生です。十方ということは、違っていようが、敵対していようが、憎しみ合っていようが、全てを対象にするということです。そこまで含まなければ「十方」にはなりません。また、そういう意味で「十方」を受け止めると、我々が生きる日常にも大事な意味を持ち得ます。とりわけ、分断が作られつづけている現代社会において、「十方衆生の倫理」は遙か遠くまで力強く鳴り響く、倫理的なメッセージになるはずです。

築地本願寺でのパートナーシップ婚

冒頭で記した通り、日本では同性婚が法的に認められていませんが、パートナーシップ制度が多くの自治体に広がり、さまざまな変化が各所で起きつつあります。

その一つが、二〇一六年十月に築地本願寺でとりおこなわれた同性婚（パートナーシップ婚）です。その後、式を挙げた二人は区役所へ結婚届を持参されたそうです。しかし、残念ながら受理されませんでした。法律上は、認められていないからです。

自死問題でお世話になった杉浦ひとみ弁護士から、「法律は善悪を決めているのではありません。その時代、その地域に生きる人の倫理観を反映しているにすぎません。だから、まず人びとの心が変わっていくことが必要なのです」とお聞きしたことがあります。同性愛で悩み、自死する人も多いと言われています。その原因を遡ると、一人ひとりの心に原因があるのです。他人事ではないのです。

心の問題であれば、それは仏教を含む宗教的な問題でもあります。築地本願寺の挙式は、二十三世紀――スター・トレックの時代――に繋がっているように感じられます。

（武蔵野大学非常勤講師、前浄土真宗本願寺派総合研究所副所長）

孤独死を問い直す
――望まぬ孤独と、〝宗活〟のすすめ

加茂《かも》順成《じゅんじょう》

すぐそばにある孤独死

「孤独は一日にタバコを十五本吸ったのと同等の害を健康に与える」。このイギリスの孤独問題委員会の報告は、孤独が私たちをむしばむ深刻な問題であることを端的に示しています。日本においても、二〇二一年に孤独・孤立担当大臣が設置されるなど、孤独のケアが急務とされています。また、「孤独死」に関しては、ニッセイ基礎研究所が、全国の六十五歳以上の高齢者の孤立死数を試算した結果、最大で二万六千八百二十一人にものぼると推計しています。また、人々の意識の上でも孤独死は切迫した問題であり、六十五歳以上の一人暮らし高齢者のうち、実に四四・五パーセントが孤独死を身近に感じています。

浄土真宗本願寺派総合研究所においては、二〇一八年にシンポジウム「生きづらさの先にある孤独死～団地、災害の現場と向き合う～」を開催した他、二〇一九年に「孤独死ゼロ作戦」を掲げる「千葉県常盤平《ときわだいら》団地」の実態を視察する等、孤独死の現状分析と対策の検討を行ってきました。無縁社会と言われる現代において、孤独死は他人事ではありません。最後まで心豊かに生ききるために、孤独死の問題と向き合ってみましょう。

孤独死の何が問題なのか？

孤独死の定義は諸説ありますが、「社会との交流が少なく、孤立し、誰にも看取られず自宅敷地内で死亡し、死後発見される場合」と理解するのが一般的です。孤独死の発生要因は複雑ですが、失業者数の増加や貧富の差、単身世帯や高齢者の増加、「他人と関わらないほうがいい」という風潮や「人に世話になりたくない」という意識、経済効率至上主義によるコミュニティーの弱体化などが考えられます。

そもそも孤独死の何が問題なのか考えてみましょう。後始末の大変さ、地域に波風が立つこと、マンションなどの資産価値への影響といった社会的コストが懸念される場合があります。また、死後長期間放置されるという尊厳の問題や、周囲への心理的負担などもあるでしょう。しかし何よりも深刻なのは社会的に孤立し、孤独感を感じながら亡くなる「望まぬ孤独」そのものではないでしょうか。独りで亡くなること自体は悪いこととは限りません。しかし、つながりを断ち切られ孤独を感じることのないよう、対策は欠かせないでしょう。

都会と田舎、どちらが孤独？

新潟県長岡市において、市域をまちなか、郊外、農村に三区分して高齢者の死亡データを調査したところ、「自宅死は農村部が最も多いものの、農村部の孤独死件数は少ない。また、まちなかと比較して発見日数も短期間であるため、農村部の自宅死はまちなかより孤独死のリスクが低いと考えられる」との結果が出ており、田舎における孤独死リスクの低さを示唆しています。しかし、田舎に住む人は本当に「孤独」ではないといえるのでしょうか？　内閣府の調査では「自分には人との付き合いがないと感じることがあるか」、「自分は取り残されていると感じることがあるか」、「自分は他の人たちから孤立していると感じることはあるか」等の孤独・孤立感に関する質問が設定されています。これらに対する回答を都市規模（市・町村）で比較すると、「町村」は市（大都市〜小都市）と比べて

「時々ある」「常にある」と回答した割合が多かったのです。そのため、たとえ田舎は都会と比べて孤独死のリスクが低かったとしても、孤独感に対するケアは欠かせないでしょう。

独居高齢者を見守る寺院・僧侶

厚労省は、孤独死に対応するには行政では限界がある上、死後に関わる経済的・人的負担やコストが大きいとして、予防型コミュニティーづくりを提言しています。そのような中、寺院・僧侶によるつながりの構築を期待する声があります。

（日本では近世以来）寺院の僧侶が年忌・月忌等には所属檀家を訪問して仏事を行う。これは、高齢者世帯、独居高齢者にとっては、重要な外部との接点・交流の場である。（上田智子、上原英正［他］「孤独死（孤立死）の定義と関連する要因の検証及び思想的考究と今後の課題」、『名古屋経営短期大学紀要第五十一号』）

これは高齢の方との接点が多い寺院を活かした孤独死対策の可能性を示唆しています。

より一層高齢化が進む社会において、寺院が果たすべき役割は大きいはずです。

孤独死対策としての「終活」

昨今、「終活」がブームを経て、中高年に必須の活動として定着しつつあります。「終活」の語は「終末活動」の略で、二〇〇九年『週刊朝日』にて連載された「現代終活事情」がその始まりとされています。一般的には、人生の終末を迎えるにあたり、延命治療や介護、葬儀、相続などについての希望をまとめ、準備を整えることを意味します。

「終活」の語が生まれた背景について「終活の第一人者」と呼ばれる家族葬専門葬儀社の寺尾俊一会長は「孤立死は年間三万人を超え、縁が希薄になった今の社会だからこそ、(終活が)はやるのだと思う」と述べています。つまり孤独死対策において、「終活」によって何らかの縁を再構築できる可能性を示しています。

そのような観点から、浄土真宗本願寺派総合研究所において、宗報二〇二〇年二月号において「孤独死対策における「終活」の可能性」を発表した他、二〇二一年に高齢者の孤独緩和に資するための終活連続講座「お寺で知る終活講座~本当にあった事例から知る親子の本音~」を試行しました。親子のコミュニケーション不足やすれ違いにより、孤立する高齢者は少なくありません。終活には「縁起でもない話」というイメージもあり、実の親や子には切り出しにくいとされます。そこで、親世代と子世代の相互理解を促したのです。全五回のテーマは、中高年の関心が高い介護、医療（認知症、終末期）、後見・財産、葬儀・納骨、生活支援・エンディングノートを設定しました。熱心に聴講していただきましたが、参加者と触れ合う中で、終活にはいくつかの注意すべき落とし穴があるのではと感じました。

一つ目の落とし穴は「まだ早い」という感覚です。巷では多種多様なエンディングノートが普及していますが、実際に記入した人はわずか数パーセントと言われています。まだまだ先のことだと先送りし、終活が自分事になっていない表れでしょう。横浜国立大学の研究によると「高齢者は死の備えの必要性を感じている一方で自らの死について考えるのを避ける傾向がある」ようで、死から目を背けてしまうのです。しかし実のところ「（高齢者は）死や死の備えについて話をする機会がなくそれを強くはないものの望んでいる」というように、高齢者自身も死を語る必要性を薄々感じています。ひとりで死と向き合うのが心細ければ、誰かと共に考えるのもよいでしょう。鹿児島・妙行寺における「縁起でもない話をしよう会」をはじめ、お寺で死について語り合う〝デスカフェ〟、〝終活カフェ〟が各地で開催されています。このような場を利用するのも有益です。

二つ目の落とし穴は「迷惑をかけたくない」という思いです。これは終活に取り組む高齢者の常套句ではないでしょうか。一見すると慎ましいようですが、誰の世話にもなりたくないという傲慢さも見え隠れします。そもそも、周囲の家族や子どもの側は本当に迷惑だと思っているのでしょうか。鎌倉新書の「親の終活に関する意識調査」（二〇一八年）によると、終活に関する親と子の双方の思いは見事にすれ違っています。親の九五・一パーセントが「子どもに迷惑をかけたくない」と考えている一方で、子の八八・七パーセントが「親から相談されても迷惑だと感じない」と思っているのです。このすれ違いはコミュニケーションによって修正できるのではないでしょうか。先述の終活連続講座のねらいもそこにあります。

三つ目の落とし穴は「自分らしく」という思いが強すぎることです。巷の終活関連資格を認定する協会や、終活に関する啓発活動を行う団体の多くが提唱するのは、「今をよりよく自分らしく生きる活動」であり、終活に取り組む側も、自分らしさを表現しなければという思いに駆られているように見えます。これは必ずしも悪いことではありません。しかし、自分の願望を何もかもかなえることができるでしょうか？　そもそも、仏教では「生老病死」の苦悩を説きます。自分の力ではどうすることもできない現実とどう向き合うか、ということが仏教の出発点です。その視点からすれば、人生を、「生老病死」を思い通りにデザインしようというコントロール思考は、いささか無理があります。思い通りにならない現実と向き合い、最後まで心豊かに生きるためには、知識をつける〝終活〟と併せて、宗教的な依りどころに身をまかせる〝宗活〟に励むことも有意義ではないでしょうか。

〝宗活〟で孤独感をやわらげる

日本人の多くが無宗教と言われますが、宗教社会学者の稲場圭信《いなばけいしん》氏は日本人の〝無自覚の宗教性〟を指摘しています。

思いやり格差社会、評価社会にあって、おかげ様、感謝の意識といったものは、今なお、日本人の多くに共有されていると考えられる。ここで、このような「無自覚に漠然と抱く自己を超えたものとのつながりの感覚と、先祖、神仏、世間に対して持つおかげ様の念」を「無自覚の宗教性」と呼ぶことにする。（稲場圭信『利他主義と宗教』）

つまり、日本人は潜在的に「つながりの感覚」と「おかげ様の念」を持っているというのです。社会的なつながりに加えて、宗教性が育まれることによって孤独感をやわらげることができるのではないでしょうか。

（浄土真宗本願寺派総合研究所研究員）

自死・自殺の苦悩に関わる現場から

安部《あべ》智海《ちかい》

浄土真宗本願寺派の取り組み

浄土真宗本願寺派では、自死・自殺やいじめ等の問題を通して、どのようにして人々の「生きづらさ・悩みに寄り添う」ことができるのか、取り組みを進めています。

私たちの暮らす日本社会では、自ら命を絶つ方が一九九八年から年間三万人を超え、二〇〇二年をピークにしばらくの間、続いてきました。いまでこそ三万人という数字を切ったとはいえ、依然として自死者の数は二万人を超えており、近年では新型コロナウイルス感染症を遠因としたと思われる、女性の自死率が増えていることも問題になっています。

浄土真宗本願寺派でも、二〇〇七年より「自死」の問題を重要な研究課題と位置づけ、これまで取り組みを続けてきました。

例えば二〇〇八年には、本願寺派の寺院一万二百八十一カ寺を対象にしたアンケート調査「自死問題実態調査」（二千六百九十四通の回答）を行いました（「本願寺『自死問題実態調査』の分析結果」①〜⑧『宗報』二〇〇九年六月号〜二〇一〇年一月号、「自死に関する取り組み　分析結果」〈http://j-soken.jp/download/4836〉、教学伝道研究センターブックレットNo.18『自死とわたしたち〜さまざまな課題にむきあって〜』〈本願寺出版社〉、『浄土真宗総合研究』第五号「仏教教団と自死問題」二〇一〇年）。

この調査から見えてきたことは、「自死は命を粗末にしている（五二・〇パーセント）」、「自死は仏教の教えに反している（五九・八パーセント）」という回答が半数以上に及んでいたこと。また、僧侶の八割が「自死問題に携わっていきたい」と回答しながらも、「どのように関わっていいかわからない」という声が多く寄せられたことなどでした。一方、調査研究を進める中で、自死が社会構造的な問題であること、そして、その社会背景の中で自死にまつわる苦悩を誰かに吐露することが、どれほど難しいことなのかということもわかってきました。

いったい、自死を思うほどの苦悩を抱えたとき、人はどのようなことを思うのか。そして、その苦悩にどのように関わることができるのか。仏教の教えを一方的に苦悩する方に押し付けるのではなく、まず苦悩の現場に耳を傾け、そこからともに考えてゆくことはできないか。こうした問いから二〇〇七年に始まったのが、「別離の悲しみを考える会」でした（全十五回開催。総合研究所ブックレットNo.16『自死、遺された人たち～死別の悲嘆によりそって～』、No.18『自死とわたしたち～さまざまな課題にむきあって～』、No.20『自死、遺された人たち(2)～求められる宗教者の役割～』、No.23『大切な人を亡くすということ～自死・葬儀・グリーフケアを考える～』、No.26『生きること、悼むことを考える』、No.27『別離の悲しみとともに生きる～痛みを知るということ～』〈いずれも本願寺出版社〉）。

「別離の悲しみを考える会」の開催を重ね、自死にまつわる活動者や自死遺族の方たちからの助言や提言などを頂きながら、また研究員自身も各地の関連活動団体の研修を受講しながら知識や経験を蓄積していくなかで、次第にこの問題を机上の研究だけにとどめておくのではなく、苦悩の現場に還元すべきであると、研究員と市民の方十名の働きかけにより、二〇一〇年に京都自死・自殺相談センター（現在、認定NPO法人）が設立されました。この団体は自死・自殺の苦悩に特化した民間の相談機関です。相談活動は、電話相談に始まって、現在ではメール相談や対面での相談、企業や団体への出張研修など、活動の幅を広げつつ、同じ理念を共有する団体が広島と仙台にも立ち上がり、それぞれの現場で活動が継続されています。

認定NPO法人 京都自死・自殺相談センター（愛称Sotto）

私が、自死・自殺の問題に具体的に関わるようになったのは、本願寺教学伝道研究センター（現：浄土真宗本願寺派総合研究所）の研究員の誘いで、「Sotto」のボランティア養成講座を受講したことがきっかけでした。そしてまず最初に驚かされたのは、この団体が自殺を「防止」する団体ではないということでした。「防止」という言葉は、よくないことに対して防ぐ、止めるという場合に使われます。

自死・自殺を思うほどの苦しみを抱くことは、条件次第で誰もに起こりうる感情です。ですから、その感情を良くないことのように扱うのではなく、その人の大切な感情のひとつとして丁寧に関わるということ。「死にたい」「誰もいないところへ行きたい」「もう限界」という気持ちを、「いい／わるい」というこちらの価値や評価を交えずに、そのまま受けとってもらえる場所を提供すること。その居場所をもしも提供できるのなら、そこが自ずと苦悩の居場所となる可能性があるというのです。ですから、養成講座では気持ちの動きに徹底して焦点を当て、気持ちをそのまま受けとる／受けとられる、ということを学ぶことになりました。Sotto（京都自死・自殺相談センター）が「防止センター」ではなく

「相談センター」という名称なのは、そうした理由からでもあります。「自死・自殺」と併記してあることもそうです。自死という言葉にも、自殺という言葉にも、それぞれの立場や思い、事情が込められています。

例えば、「自死は自分で選んだ死ではなく、社会に選ばされた死であるから、自死ではなく自殺というべきだ」という意見もあれば、「自殺という言葉を見るのがつらいから自死という言葉を使ってほしい」という意見もあることでしょう。そうした「自死・自殺」どちらの気持ちも大切にする居場所でありたいという思いから、「京都自死・自殺相談センター」という名称となったのだそうです。

いずれにしても、Sottoに相談される方は、いままさに死にたいほどの苦悩を抱えている方であり、その相談が最後の関わりになるかもしれない。その最後のあたたかな存在になること、最後の居場所を提供することが相談員になによりも求められることでした。

仮設住宅居室訪問活動のこと

もうひとつ印象的だったのは、二〇一一年に起きた東日本大震災の支援活動の中で起きたことでした。震災直後、阪神・淡路大震災をふりかえって、自死にまつわる問題が起こるのではないかと心配する声が多く聞かれました。救援物資を届けることももちろん大切なことですが、被災された方々が避難所から仮設住宅に移り住むようになると、いずれ人と人とのつながりが希薄になってしまい、孤立する方や独りで苦悩を抱える方が増加するのではないかというのです。

仮設住宅の建造が始まって間もなく、本願寺派ができる具体的な活動のかたちを考えるため、Sotto の代表でもある研究員とともに東北のとある仮設住宅へ赴くことになりました。初めて訪れる仮設住宅の広大な敷地のなかで、いきなり戸別に居室を訪問しようとするのですから、最初はどうしても躊躇《ためら》ってしまいます。

震災で被災された方がお話などしてくれるのだろうか、ご迷惑なのではないだろうかと困惑していると、そこへ仮設住宅の地域支援員さんが通りかかりました。仮設住宅の状況をお聞きすると好意的に答えてくださり、別れ際には「○号棟の○号室のお部屋の方には気をつけたほうがいいよ」と教えてくれました。どうやらその方は震災後、大変な落ち込みようで、支援員さんでも取りつく島もないという状況らしいのです。それを聞いた研究員は「ならばそこへ行こう」というのです。迷ったふうもないどころか、本当にどうにもならない気持ちでいらっしゃる方のところに赴いてこその対人支援だというのです。

教えて頂いた居室の前に立つと、部屋の中の電気は消えているようでした。しばらくお声がけをしても部屋の中の気配は覗えず、どこか暗いお部屋の状況がお住まいの方のお気持ちをそのまま現しているようにも見えました。今日はお部屋にいらっしゃらないのではないかと立ち去りかけたときです。玄関のアルミサッシがゆっくり引き開けられると、顔を覗かせたのは五十代の女性でした。ご挨拶をしてみても沈んだ表情を少しこちらに向けるだけで、ぽつりとお返事されては黙り込み、またお声がけをしても、ぽつりとお返事しては黙り込むという様子です。

やはり訪問したのは迷惑だったのではないかと思われてきました。いきなり訪問した得体の知れない男性二人組に、心の裡《うち》を開いてくださるとはとても思えません。何度も訪問してこちらの顔を覚えてもらって、そして少しずつ信頼関係を築いた上で、息の長い関わりが必要なのではないか。地域支援員さんでさえ、どのように対応したらよいかわからないと言われていたことを思い出しつつあったところ、相手がぽつりぽつりと話すペースに合わせて、ゆっくり頷きつつ話を聞く研究員の姿がありました。

「ほんとうは仕事に行かないといけないんだけどね。そんな気持ちになれなくて……」「夜になると震災で避難したときのことを思い出してね……」「そんなことを話せる人もいなくてね……」女性のお話は、どれひとつとして明るいものはありません。ところが、その気持ちを一つひとつ丁寧に受けとる／受けとられる姿から感じられたのは、お話の内容とは反対に、どこか温かいものでした。お返事される声や表情も、やがて柔らかいものになっていった女性が、「じつはね……」と切り出してから、ご自身が鬱《うつ》ぎみであることを打ち明けてくださった頃には、私のなかにあった「ご迷惑だったのではないか」という躊躇いもなくなり、この方と関わりが持てたことがむしろ嬉しく感じられたのが不思議でした。

初めて出会った相手であるのに、何ひとつ問題が解決したわけでもないのに、気持ちを受けとってくれる誰かが、ほんのわずかの間であっても一緒にいることが、この女性にとって大きな支えとなっていることが感じられたのでした。

この出来事はその後、地元のボランティアとともに展開され、仮設住宅が解体されるまで続いた居室訪問活動を方向づけるものとなりました〈藤丸智雄『ボランティア僧侶—東日本大震災　被災地の声を聴く—』〈同文館出版、二〇一三年〉、安部智海『ことばの向こうがわ震災の影　仮設の声』〈法藏館、二〇一七年〉、浄土真宗本願寺派『東日本大震災・熊本地震　あの日からいま、そしてこれから』〈本願寺出版社、二〇一七年〉などに詳しい〉。

浄土真宗本願寺派の社会貢献とは

浄土真宗本願寺派宗制には、「あらゆる人々に阿弥陀如来の智慧と慈悲を伝え、もって自他共に心豊かに生きることのできる社会の実現に貢献する」と謳われています。この「自他共に心豊かに生きることのできる社会の実現に貢献する」とは、具体的にどのような社会活動が想定されているのでしょう。

ここでもう一度、本書第一部の冒頭に、「浄土真宗においては、私たちの生活規範について、『〜でなければならない』と規定するものはありません」（一四頁）と述べられていたことを思い出してみます。少し乱暴に単純化していえば、浄土真宗において、阿弥陀如来の智慧と慈悲を背景に行われる活動は、「〜でなければならない」という規定をもたないと言い換えることができるでしょう。規定をもたないということは、どのような活動であれ、阿弥陀如来の智慧と慈悲が至らない場所はないということもできそうです。しかし一方で、それが浄土真宗の教えを背景とした活動である限り、活動をもって教えを伺い、教えをもって活動を照らすということがなければなりません。「自他共に心豊かに生きることのできる社会の実現に貢献する」には、「阿弥陀如来の智慧と慈悲」が忘れられてはならないでしょう。「阿弥陀如来の智慧と慈悲」をもって、「自他共に心豊かに生きることのできる社会の実現に貢献する」というとき、これを具体的な言葉で言うならば、苦悩が苦悩のまま独りぼっちではない、その人がその人のままでよい、安心して悩んでゆける、そんな社会の実現に自死・自殺への取り組みを通して貢献したいと思うのです。

（二〇一六年より毎年三月一日「京都いのちの日」に合わせ開催される Life Walk イベントにて、自死・自殺の苦悩に関わる宗教者からのメッセージやインタビュー記事を収録した小冊子『宗教者からのメッセージ』①〜⑦を本願寺派総合研究所より発刊している〈二〇二一年現在〉）

（浄土真宗本願寺派総合研究所研究員）

「ドキュメンタリー沖縄戦」に込められた願い
――世界の恒久平和をめざして

香川真二《かがわしんじ》

「ドキュメンタリー沖縄戦」の反響

浄土真宗本願寺派総合研究所では、二〇一六年から沖縄戦に関する現地調査を開始しました。沖縄の方々とともに慰霊の日の平和祈願慰霊大行進及び沖縄全戦没者追悼式に参加し、沖縄戦を通して平和の重要性を学ぶ学習会を積み重ねつつ、四年間にわたって戦争体験者・有識者の聞き取り調査を実施するなど、恒久平和への歩みを進めてまいりました。

皆さまのご協力とご支援のおかげにより、取り組みの成果を、平和学習のための視聴覚教材「ドキュメンタリー沖縄戦」としてまとめることができました。

二〇一九年十二月に那覇市内で開催された完成披露上映会には、二日間で千人を超える来場者があり、その際のアンケートでは、「この映画を全国で、さらに世界で上映いただきたい」との声を多数いただきました。宗門として沖縄の方々の願いに応えるべく、二〇二〇年に一般映画館での上映を計画しましたが、新型コロナウイルスの世界的な感染拡大に伴う緊急事態宣言の発出等により、それは極めて厳しい状況に置かれました。しかしながら、結果的には当初の予想を上回る全国二十八館において一般映画上映がなされ、さらに同年八月には米国ロサンゼルスの映画祭「ジャパン・フィルム・フェスティバル」に招待上映、ドキュメンタリー部門の最優秀賞を受賞するなど、国際的にも高い評価を受けました。

また宗門内でも、当初の計画通り全国の各教区や各組等で、映画上映による平和学習会が順次開催されており、沖縄戦を通して平和を考える学習会の輪が着実に広がりつつあります。これらの取り組みは、恒久平和実現へのわずかな一歩にすぎないかもしれませんが、たゆみない歩みの先にこそ必ずや世界の恒久平和は実現するのであると確信しております。

託された願い

沖縄での戦跡調査と戦争体験者の聞き取り調査を行う中で、現地の方々から、「沖縄戦を本土の人たちに伝えてほしい」「戦争を知らない世代に、戦争の悲惨さ、人間の愚かさ、平和の尊さを伝えてほしい」といった平和の願いを託されました。

宗門では、その願いを真摯に受け止め、沖縄戦を通して平和を学ぶ視聴覚教材の作成を企画しました。当初予定では、宗門内における平和学習会での活用を想定しておりましたが、調査活動でお会いした体験者や沖縄の方々から、「宗門内だけに限定せず、ぜひ全国の映画館でも上映してほしい」「戦争を知らない若い世代に、沖縄戦を伝えてほしい」といった声があがりました。

約四年という歳月を経て、ついに「ドキュメンタリー沖縄戦」は完成しました。本稿ではその製作経緯や、作品に込められた願いなどを中心に、その一端を紹介させていただきたいと思います。

沖縄の方々との出会い

沖縄は、戦争の凄惨な歴史が刻み込まれている地です。その歴史的事実や戦争体験者の声を継承し伝えていくことも、平和構築において極めて重要な活動であるという見地から、「宗門総合振興計画」における平和の具体的取り組みとして、平和学習に資する視聴覚教材を作成することを計画しました。

沖縄の戦跡を訪れ、戦争体験者の話を聞くという調査活動は、初めての取り組みであり、何もかもがゼロからの出発でした。

二〇一六年六月二十一日、私は初めて沖縄を訪れました。戦跡の調査と沖縄戦の体験者に会い、二十三日の慰霊の日に開催される平和慰霊大行進に遺族会の方々とともに参加するためです。

そのきっかけになったのは、私が講師をつとめる社会人向け仏教講座で出会った、西池文生さんという鳥取県のお寺のご住職です。二十数年来、沖縄に通い続け、平和の活動を続けてきた西池さんの熱い思いとの「出会い」から、私の沖縄への関わりが始まったのです。西池さんが詳細な日程を提案してくださり、限られた時間で会うべき人との約束を取りつけてくれていました。

一日目は、読谷村《よみたんそん》にあるシムクガマとチビチリガマを見学し、その後、うるま市のしげま小児科医院の志慶眞文雄《しげまふみお》さんと会い、仏教と平和についての話を聞きました。

二日目は、宜野湾市《ぎのわんし》にある佐喜眞《さきま》美術館を訪問し、館長の佐喜眞道夫《さきまみちお》さんから「沖縄戦の絵」の解説と沖縄戦の実態について教えていただきました。その後、南風原《はえばる》文化センターで学芸員（当時）の平良《たいら》次子さんから、沖縄戦に関するさまざまな説明を聞き、その後、南風原陸軍病院跡壕、糸数《いとかず》の壕、魂魄《こんぱく》の塔、ひめゆり平和祈念資料館、喜屋武《きやん》岬等を見学しました。

夜は、ひめゆり学徒隊の生存者である島袋淑子《しまぶくろよしこ》さんのご自宅で、西池さんをはじめ、与那原《よなばる》町副町長（当時）の照屋勉《てるやつとむ》さん、町議会議員の上江洲安昌《うえずやすまさ》さん、教育委員会職員の与那嶺斎《よなみねいつき》さん、宗門から総合研究所長（当時）の丘山願海、私を含め三名の研究員、本願寺沖縄別院輪番（当時）の下間臣一郎が参加し、島袋さんの戦争体験を聞かせていただいた後、沖縄戦について話し合いました。

島袋さんが、「さっきまで隣にいた友だちが死んだ。私だって死んでいて当然。だから、私の命は二度と戦争を起こさないために、戦争の悲惨さ、平和の大切さを伝えるためにつかう。それが生き残った私の役割」と語ったことに、私は大きな衝撃を受けました。何も知りませんでした。沖縄戦のこと、戦争のこと、そして生き残った人の思い。私自身、言葉で表現できない、消化できない、複雑な感情でした。どうにか、それを伝えたい、伝えることが自分の使命のように感じたことを覚えています。

沖縄の方々と私たちのめざす方向は、二度と戦争を繰り返すことのない、世界の恒久平和です。そのためにどうすればいいかを、ともに考えていくことで一致しました。

三日目の二十三日には、朝八時に糸満《いとまん》市役所に集合し、全国遺族会主催の平和慰霊大行進に、与那原町遺族会の方々とともに参加しました。

平和を願い、ともに歩む

沖縄県では、一九四五年六月二十三日に沖縄戦の組織的戦闘が終結したことから、一九九一年三月、県条例で六月二十三日を「慰霊の日」と定め、休日としています。

毎年六月二十三日には、糸満市の平和祈念公園で「沖縄全戦没者追悼式」が行われています。式典では、沖縄県知事、内閣総理大臣や衆議院議長、参議院議長などが参列し、沖縄戦での二十万人以上の犠牲者の他、全戦没者の追悼と世界の恒久平和を願います。また沖縄県全域において、正午に一分間の黙祷を行っています。慰霊の日およびその前後には、県内の各地でさまざまな慰霊行事が執り行われており、平和慰霊大行進もその一つです。

私たちは、全国から集まった数百名の参加者とともに、沖縄戦の最後の激戦地となった糸満市摩文仁《まぶに》をめざし、かつて砲弾降りしきる中、歩き続けたであろう八キロの道程を、世界の恒久平和を願い、行進しました。そして、午前十一時過ぎに平和祈念公園に到着、式典会場に入場すると、式参列者から大きな拍手で迎えられました。この年、全戦没者追悼式には、沖縄県知事をはじめ、内閣総理大臣や衆参両院議長の他、外務、防衛、厚生労働、沖縄担当の四閣僚が出席し、県内外の遺族ら五千人あまりが参列して、正午の時報に合わせ黙祷を捧げました。追悼式では各代表の献花と追悼のことば、翁長雄志《おながたけし》知事（当時）の平和宣言や県内小学生の「平和の詩」朗読など、会場は平和の願いで包まれました。

式典終了後、与那原町遺族会の方々と平和についての意見交換を行いました。印象的だったのは、宗門が沖縄の慰霊の日に来たこと、そして一緒に歩いたことに対して、遺族会の方々がたいへん喜んでくれたことです。その後も与那原町職員の案内で、糸満市米須《こめす》にある魂魄の塔の慰霊祭に参加しました。

沖縄で初めて出会った多くの方々が、宗門の行動に賛意を送ってくれました。行動といっても、沖縄に来て、ともに話し合い、ともに歩いただけですから、私には意外でした。同時に私は宗門のどれくらいの人が、慰霊の日について知っているだろうか、もしかすると、多くの人は六月二十三日が特別な日であることを知らないのではないかと思いました。

沖縄の方々との出会いの中、二十万人を超える犠牲者を出した沖縄戦のことを知らない全国の人に、伝えていくことが重要なのではないかと強く感じたのです。

語り継いでいくということ

戦争体験者の聞き取り調査は、多くの個人や組織がさまざまな形で協力してくださり、その総数は二百名を超えます。宗門の平和への具体的取り組みは、宗派の枠を越えた多くの方々の協力により展開されていきました。

多くの尊い人命が奪われた沖縄戦。この壮絶な歴史的事実を、戦争を知らない世代に語り継いでいくことは、平和構築において極めて重要です。

しかし、戦前及び沖縄戦体験者が年々減りつつある現在、沖縄戦をどう語り継いでいくのかという課題があります。その課題に真剣に取り組んできたのが、名護《なご》市教育委員会の川満《かわみつ》彰氏です。川満氏は、元名桜大学学長・東江《あがりえ》平之《なりゆき》氏の「戦争を繰り返さないためにも、戦争体験を継承する責任は、何時の時代でも戦争を知らない世代が感性と想像力を磨いて担うべきものである」という言葉にハッとさせられたそうです。

川満氏によれば、戦争体験を継承するために重要なことは、沖縄戦体験者の講話とフィールドワークの取り組みだそうです。それは、戦争非体験者の川満氏自身が「戦争体験を継承する責任」を考えるきっかけになり、同時に「戦争を知らない世代への感性と想像力を磨く」きっかけにもなったそうです。川満氏は、特に子どもを対象とした平和学習会で、内容を平和問題だけに限らず、環境・福祉・教育など、本人が興味のある社会問題に対して「感性と想像力を磨いて」欲しいと願っているといいます。

戦争を再び繰り返さないために、平和学習は極めて重要です。しかし、それが単なる知識の教授にとどまっていては、根本的な解決にはなりません。人間は極めて利己的な思考を持つ生き物であり、自己中心的にとらえた自分に都合のいい知識をふりかざし、他者を傷つけてきたからです。戦争の根本原因もそこにあるのです。

川満氏が言うように感性と想像力が重要です。相手の状況や心情を感じ取る感性、そして相手の立場に立って考える想像力、これは他者を理解し対話するための必須条件です。平和とは、立場や考え方の異なる他者と対話し、共に平和な社会を築いていくということだからです。

映画製作においては、その点を重視しました。つまり、国や宗教を超えて沖縄戦の事実を学ぶことができる映画をめざしたのです。したがって映画の中に平和の答えは描かれていません。戦争体験者や専門家の意見を聞き、一人ひとりが考えてほしいと思ったからです。

映画を観た人たちが、それぞれの考えを話し合い、相手を理解しようと努力し合うなかに、平和な未来は築かれていくのです。

自他共に心豊かに生きることのできる社会へ

宗門のめざす社会は、「自他共に心豊かに生きることのできる社会」です。これは宗門の最高法規である「宗制」の前文に示されている、大乗仏教の精神にもとづく表現です。「自他共に」とは、自己と他者とが共にある、あるいは、共にあろうとする、ということであり、世界中の人々が共に生きていることの大切さに目覚め、お互いに相手（他者）を認め合い、一人ひとりが安心して生きることのできる社会です。

浄土真宗本願寺派総合研究所が製作した映画は、沖縄戦を知らない人が沖縄戦を知ることができるように構成しています。また実際の戦争がいかに悲惨なものか、いかに愚かな行為であるのかを客観的に知ることのできる内容となっています。同時に平和ということが、いかに尊いものかを考えることができるものでもあります。

今後、終戦八十年に向けて、平和学習の輪が広がり、一人でも多くの方々に、戦争のない平和な社会の実現を願う心を伝え、すべての人々が安心して暮らせる、自他共に心豊かに生きることのできる社会が実現することを願っています。

（浄土真宗本願寺派総合研究所上級研究員）

平和に向けた宗門の歩み

冨島信海《とみしまのぶみ》

浄土真宗と「平和」

「殺してはならぬ。殺さしめてはならぬ。
また他の人々が殺害するのを容認してはならぬ」（『スッタニパータ』三九四）

仏教の開祖・釈尊の言葉です。そして、争いや対立は「怨みをすててこそ息《や》む」（『ダンマパダ』第一章五）とも説かれています。いかなる理由があろうとも、仏教は暴力や武力を否定しています。

浄土真宗の聖典では、『仏説無量寿経』に、仏が歩みゆかれるところには、武器をとって争うこともなくなる（兵戈無用《ひょうがむよう》）と説かれています。また親鸞聖人は御消息（第二十五通）に「世のなか安穏なれ、仏法ひろまれ」と語られています。仏教が広まることで、世の中が安らかで平穏となり、争いや武力衝突がなくなる。これを理想とするのが念仏者です。

ごく一部を紹介したに過ぎませんが、「平和」は、仏教において中心的な価値のひとつであり続けています。しかしながら、本願寺教団には戦争の遂行に加担した歴史がありま す。本稿では、近代における戦争協力とその背景を省み、戦後の取り組みを振り返ることを通して、平和の実現に向けた現状と課題について概観します。

戦争協力

近代以降、日本は大きな戦争を繰り返しました。その中で本願寺教団は、占領地政策への協力の一面も持つ従軍僧の派遣、占領地での別院・布教所建立、兵器製造のための仏具や梵鐘《ぼんしょう》などの金属供出を組織的に行うなどしました。戦争協力のために消息などが発布され、天皇不敬とされた聖教の文言が削除されもしました。

なぜそのような事態に至ったのでしょうか。戦後、その要因として検証されたのが「真《しん》俗《ぞく》二《に》諦《たい》論」です。「真俗二諦」とは、本来、言葉や形を超えた仏の真理を「真諦《しんたい》」といい、それが私たちにわかるように言葉や具体的な姿などで表されたものを「俗諦」というものです。「諦」とは真理という意味です。しかし、当時の社会秩序を肯定するあり方として「俗諦」（社会体制の真理）をたて、仏法である「真諦」と分離させて、その両方を守って生きていくことが大切であると説いたのが「真俗二諦論」でありました。これを用いて、時代の常識を無批判に受容し、権力や風潮に都合よく追従しました。いのちを奪いあう戦争を支持し加担したのです。

私たちは、戦争に協力した事実を過去だけのこととして捉えてはなりません。事実とともに、その背景となった教学の問題性についても、真摯に向き合い続けなければならないのです。

戦後の取り組み

本願寺では、終戦後まもなく平和記念法要をはじめ、一九五二年には戦没者追悼法要と名を改めて、以後、毎年八月十五日に法要を勤めています。一九八一年からは、毎年九月十八日に国立千鳥ヶ淵戦没者墓苑（東京都）において、「千鳥ヶ淵全戦没者追悼法要」を勤めています。あらゆる戦争でいのちを失われた全ての犠牲者を追悼し、戦争を繰り返すことなく、平和な世界を実現する決意を新たにするこの法要は、現在も教団をあげての平和問題の中心的な役割を担っています。

戦後、浄土真宗本願寺派では、人間が人間の権利を踏みにじる差別・被差別からの解放に取り組む「同朋運動」（一九五〇年〜）、親鸞聖人七百回大遠忌を契機として「全員聞法・全員伝道」を願い、門信徒にお寺の活動に加わっていただく「門信徒会運動」（一九六一年〜）が展開されました。両運動を一体とした「基幹運動」（一九八〇年〜。一九八五年に基幹運動本部設置）において、重点項目として、「平和」「戦争」「非戦」「ヤスクニ」などを掲げ、教団の過去の事実を直視し、二度と悲惨な戦争を繰り返すことなく、平和な世の中が実現するよう、平和への学びや取り組みが推進されてきました。

戦後五十年〜「戦後問題」への取り組み

一九九五年、「終戦五十周年全戦没者追悼法要」が勤められました。第二十四代即如門主は、ご親教（ご法話）において、

宗祖の教えに背き、仏法の名において戦争に積極的に協力していった過去の事実を、仏

祖の御前に慚愧せずにはおれません。

と、教団の戦争責任を明らかにされました。これを承《う》けて、「『戦後問題』検討委員会」が設置され、翌年、答申が出されました。答申は、「教団の具体的な戦争協力について」（十項目）、「教団の今日的な課題について」（八項目）からなり、「真俗二諦の教旨」の問題性などが指摘されています。

二〇〇三年には、宗門戦後問題検討委員会が設置され、二〇〇四年、「戦後問題」に関する宗令・宗告およびこれに関する総局見解が出されました。ここに、積極的に戦争に加担した宗門の過ちを認め、一九三一年から一九四五年に戦争に関して発布された消息を依用しないこと、一九四〇年の「聖教の拝読並びに引用の心得」に関する通達（聖教の文言削除を指示した内容）などは、戦後の宗法の発布・施行により、遅くとも一九四八年にはすべて失効していることなどが内外に示されたのです。

戦後七十年〜「平和」を語り継ぐために

二〇一四年に就任された本願寺第二十五代専如門主は、「法統継承に際しての消息」に

おいて、

宗門の過去をふりかえりますと、あるいは時代の常識に疑問を抱かなかったことによる対応、あるいは宗門を存続させるための苦渋の選択としての対応など、ご法義に順っていないと思える対応もなされてきました。このような過去に学び、時代の常識を無批判に受け入れることがないよう、また苦渋の選択が必要になる社会が再び到来しないよう、注意深く見極めていく必要があります。

と述べられました。また、二〇一五年七月三日に、広島平和記念公園にて勤められた「平和を願う法要」では、法要後のご親教において、

戦争の当時を生きられた方々が少なくなってゆくなかで、戦争がもたらした痛みの記憶は遠いものとなり、風化し忘れられつつあります。また先の大戦において、本願寺教団が戦争の遂行に協力したことも、決して忘れてはなりません。

と述べられました。さらに、二〇一六年、伝灯奉告法要初日に述べられたご親教「念仏者

の生き方」では、テロや武力紛争、経済格差など、世界に山積するさまざまな問題を指摘されています。これらには、凄惨な結果をもたらした戦争の体験者が高齢化し、苦しみと痛みの記憶が薄れていく中で、記憶を風化させることなく、戦争の実態と平和の尊さを「語り継ぐ」ことが、私たちに課せられた責務であることが示されています。私たちが現実の平和問題に取り組む上で基本的な姿勢となるものです。

戦後七十年にあたる二〇一五年には、全教区や組などで非戦平和への取り組みが展開されました。浄土真宗本願寺派総合研究所では、戦後七十年を機縁として次の三点を制作・公開しています。

①「平和に関する論点整理」(『宗報』二〇一五年十一・十二月合併号)

②「「平和に関する論点整理」をテーマとした公聴会の意見集約」(『宗報』二〇一七年八月号)

③『ごえん vol.5 ～平和ってなに?～』(浄土真宗本願寺派総合研究所・重点プロジェクト推進室、二〇一七年)

平和を希求する念仏者の立場を前提として、宗門内外の多様な意見を取りあげ、「平和とは何か」「念仏者の具体的な行動」などについての論点を提示したのが①です。これを受けて、二〇一六年に各教区で開催された公聴会で、さまざまな意見が交わされた内容を報告したのが②です。これらによって、「戦争が起きていない状態」を平和と考える立場（消極的平和）に対して、暴力・貧困・差別・不平等など「戦争が起きる原因がない状態」としての平和を目指す立場（積極的平和）があること、真の平和づくりのためには国の内外に仏教の意義を伝える必要があること、武力ではなくさまざまな方法による地道な活動で平和は下支えされていることなどを学んできました。そして、二〇一八年度以降、「御《おん》同朋《どうぼう》の社会をめざす運動（実践運動）」重点プロジェクトの実践目標が、

〈貧困の克服に向けて～Dāna for World Peace～〉―子どもたちを育むために―

と定められます。経済格差や貧困、暴力を克服することで世界に平和を実現するための取り組みとして、二〇二三年現在も継続されています。

二〇一九年には映画「ドキュメンタリー沖縄戦――知られざる悲しみの記憶――」を製作し、各教区で平和学習会を開催、また全国の映画館で一般上映されました。二〇二〇年には「宗門寺院と戦争・平和問題」に関する調査を実施し、二〇二二年に『本願寺派寺院

と戦争――「宗門寺院と戦争・平和」調査報告書――』（浄土真宗本願寺派　戦時被災等調査委員会編集）を発行しています。これらは、戦争体験者の声、凄惨な戦争の記憶を見聞し、あるいは各寺院に残る資料などの記録に基づいて宗門として戦争の記録をとどめ、共有することを通して、「戦争で何が起こったのか」「なぜ戦争は起こったのか」を知り、「なぜ殺さねばならないのか」「なぜ争わなければならないのか」を深く考え、未来に伝えていくための取り組みです。

戦後七十年以降の取り組みは、浄土真宗本願寺派総合研究所ホームページ（http://j-soken.jp）に「『非戦平和』への取り組み【シリーズ】」として集約し発信しています。ぜひご参照ください。

小結

戦後、戦争責任の慚愧の思いから、戦争協力の実態を明らかにし、その要因となった「真俗二諦論」が検証され、未来に平和を切り拓いていくための取り組みが続けられてきました。しかしながら、現在も、暴力はやまず、闘諍《とうじょう》は絶えません。世界では多くの生命が失われ続け、危険に晒されています。形の見えない争いや対立、それに起因するさまざまな問題に苦しみ悩む人がいます。
いま何ができるのか、何を行うべきなのかが、現実の課題として突きつけられていま
す。私たち念仏者は、自分自身のこととして、そして未来に生きる人のために、過去に学
び、あらゆる方法を駆使して、平和構築に向けた歩みを重ねていかなければなりません。

宗門の関連文献　＊本文に挙げているものを除く

『平和問題・ヤスクニ問題研修カリキュラム（ブックレット基幹運動№5 平和シリーズ1）』（本願寺出版社、一九九八年）
『写真にみる戦争と私たちの教団――平和を願って――（ブックレット基幹運動№10 平和シリーズ2）』（本願寺出版社、二〇〇〇年）
『戦争と平和に学ぶ――宗教と国家を考える――（ブックレット基幹運動№16 平和シリーズ3）』（本願寺出版社、二〇〇七年）
『増補改訂　本願寺史』第三巻（本願寺史料研究所編纂、本願寺出版社、二〇一九年）

【付言】
二〇二二年二月二十四日、ロシア連邦によるウクライナ侵攻が開始されました。多くの

生命が犠牲となり、周辺諸国には何百万人といわれる難民が押し寄せ、エネルギー・経済・食糧など、さまざまな分野で世界に影響が及んでいます。

浄土真宗本願寺派では、同年三月四日、宗会より「ロシア軍のウクライナ侵攻を非難し、戦争の早期終結を願う決議」、三月八日、「ロシア連邦によるウクライナ侵攻に対する声明」（浄土真宗本願寺派総長）、「執行長談話」（本願寺執行長）が出されています。また三月十日より浄土真宗本願寺派たすけあい募金「ウクライナ緊急支援募金」が行われています。

（浄土真宗本願寺派総合研究所研究員）

子どもたちの笑顔のために
――貧困克服に向けた歩み

岡崎秀麿《おかざきひでまろ》

基幹運動から実践運動へ

浄土真宗本願寺派では、二〇一二年度より「御同朋の社会をめざす運動」（実践運動）を推進していますが、実践運動における中核的な取り組みである重点プロジェクトでは、二〇一八年度から統一の実践目標として〈貧困の克服に向けて～Dāna for World Peace～〉――子どもたちを育むために――を定め、浄土真宗本願寺派の様々な枠組み（連区・教区・組・寺院・僧侶・門信徒など）において多様な活動を展開しています。

この実践運動が、浄土真宗本願寺派にとって非常に重要な運動であることを、歴史を振り返り確認することからはじめます。

実践運動は二〇一二年度からですが、

「基幹運動（門信徒会運動・同朋運動）の成果と課題を踏まえ」（「御同朋の社会をめざす運動」（実践運動）・重点プロジェクトのさらなる推進〈二〇二二年度〉）

とあるように、基幹運動・門信徒会運動・同朋運動という三つの運動の歴史が背景にあります。同朋運動とは、一九五〇年代から活発に展開された運動で、

同朋運動が寄って立つのは、……（中略）……徹頭徹尾「差別の現実」「被差別者の声」に他ならないのである。（『講座　同朋運動』第四巻、二八頁）

とあるように、「差別」を中心的な課題としていました。門信徒会運動とは、一九六〇年代から活発に展開された運動で、

門信徒会運動は、親鸞聖人七百回大遠忌を契機として、形骸化した教団の状況に対する危機感から、「全員聞法・全員伝道」を願いに、自らが教えを聞き、教えに生きる門信

徒・僧侶になることをめざしてきました。（『浄土真宗必携～み教えと歩む～』本願寺出版社、二〇一二年四月発行・初版、二八五頁）

とあるように、戦後、急激に社会形態が変化する中で噴出してきた、様々な課題を中心としていました。重要なことは、両運動が単に「社会に存在する課題」を宗派や僧侶、門信徒が第三者的に捉え、課題としたのではなく、「社会に存在する課題とみ教えをいただく私たち一人ひとり」を繋げて課題としたことです。例えば、差別に対して、自分自身と差別とを切り離した上で、差別をどう根絶するかだけを問題とするのではなく、「み教えをいただく私たち自身が差別していないか」とも問い直し、それはそのまま「私たちはどのようなみ教えをいただいているのか」という問いにも繋げたということです。

だからこそ、一九八六年より両運動を一体化し推進され、二〇一二年から実践運動へと展開した基幹運動の総括において、

基幹運動は、同朋教団としてのあるべき姿をめざして、「私と教団の体質を改める運動」として取り組まれてきた。部落差別をはじめとする差別の現実を課題とし、戦争に加担してきた教団の歴史を振り返る取り組みは、十分とは言えないまでも一定の成果を

あげてきた。(「宗門の基幹運動推進にかかる総括について」)

と、浄土真宗本願寺派における同朋運動・門信徒会運動・基幹運動は「(み教えをいただく)私」と「浄土真宗本願寺派という教団」を問い直す運動であり、差別だけでなく、戦争協力という歴史を踏まえ、「み教え」と「戦争・平和」をも問い直してきたと述べられています。これらのことは、一九八〇年に本願寺第二十四代即如門主が発布された「教書」において、

如来の大悲につつまれて、人間相互の信頼を確立した御同朋御同行の生活でもあります。そこに、自分だけの殻に閉じこもらず、自分自身がつくりかえられ、人びとの苦しみに共感し、積極的に社会にかかわってゆく態度も形成されてゆくでありましょう。それが同時に、開かれた宗門のあり方でもあります。

宗門の基幹運動は、それらの目標を、人びとのふれあいの中で一つひとつ着実になしとげてゆくところに展開してゆきます。もとより、私たちの一人ひとりが真の信心の行者になってゆくことを根本にしていますが、それとともに、今日及び将来に向かって、全人類の課題を自らのものとして担う積極性が必要です。

と、み教えをいただくものは、「自分だけの殻に閉じこもらず、自分自身がつくりかえられ、人びとの苦しみに共感し、積極的に社会にかかわってゆく態度も形成されて」ゆき、その上でこそ浄土真宗本願寺派における運動も展開されてゆくと述べられています。

貧困の克服に向けて

このような歴史をもつ実践運動において、現在では〈貧困の克服に向けて～Dāna for World Peace～〉――子どもたちを育むために――を統一の実践目標と策定していますが、その要因について三点挙げることができます。

第一は、「平和」に関する取り組みとの関係です。このことは、

宗門のこれまでの平和に関する取り組みと、国内外の切迫した社会問題に対応するため（「御同朋の社会をめざす運動」（実践運動）・重点プロジェクトのさらなる推進〈二〇一八（平成三十）年度〉について）

と述べられています。「平和」と「貧困」が結びついた理由は、「平和」の概念規定にあります。例えば、「戦争をしていない」＝「平和」だと考えれば、日本も含め多くの国は「戦争をしていません」から「平和」だと言うことができます。しかしながら、世界各地では戦争や紛争に繋がりかねないような課題、格差・不平等や差別、民族を中心とした対立などが存在しています。こうした構造的な課題まで解決しなければ「平和」とは言えないのではないか。このように考えるところから「貧困」が注目されたのです。

第二は、「社会問題」との関係です。実践目標では「子どもたちを育むために」と掲げ、「子ども」に注目しています。実践運動が推進されはじめた二〇一二年の四年前、二〇〇八年は、日本において「子どもの貧困」に関する報道が増加したことから、「貧困元年」と言われることがあります。実際、二〇〇九年には日本で初めて「相対的貧困率（一定基準〈貧困線〉を下回る等価可処分所得しか得ていない者の割合）」が公表され、二〇一三年には「子どもの貧困対策に関する法律」が成立（二〇一四年一月施行）しています。「子どもの貧困」が特に問題視されたのは、「子どもの貧困」が構造的な問題だからです。社会の中で「子どもだけが貧困である」ことはありえませんから、「子どもが貧困である」ということは、「子どもの親世代」が貧困状態にあることを意味していると考えなければなりません。つまり、子どもの親世代に対する社会保障をはじめとする「構造的な問題」が存在し、その問題が解決されていないために、社会的に弱い立場にある「子ども」に「貧困」という状態が立ち現れていると言えるのです。そのため、「貧困」問題に対して指摘されることも多い「自己責任論」は子どもには当てはまらず、社会全体が「子ども」を取り巻く状態、すなわち「私たち一人ひとりが暮らす社会」を変えていく必要があるということが、社会全体の課題と認識されました。

第三は、「み教え」との関係です。浄土真宗本願寺派の運動の歴史を振り返れば、どのような課題に取り組もうとも、「み教え」を問い直すことは不可欠でした。この点で、統一の実践目標として〈貧困の克服に向けて～Dāna for World Peace～〉――子どもたちを育むために――の策定に深く関わることは、本願寺住職・浄土真宗本願寺派門主である専如門主のお示しです。先に述べた「平和」に関する取り組みは、戦後七十年にあたる二〇一五年から続いたものですが、その前年、二〇一四年六月六日に執り行われた「法統継承式」において専如門主は、

阿弥陀さまのはたらきを聞かせていただく私たちは、他の方の悲しみや苦しみに無関心ではいられません。自分さえよければよい、という考え方は、親鸞聖人とは相いれません。

とお示しになりました。また、二〇一六年十月一日から計八十日間にわたり執り行われた、法統継承を仏祖の御前に奉告する法要である伝灯奉告法要の初日には、ご親教「念仏者の生き方」を述べられ、その中では、

今日、世界にはテロや武力紛争、経済格差、地球温暖化、核物質の拡散、差別を含む人権の抑圧など、世界規模での人類の生存に関わる困難な問題が山積していますが、これらの原因の根本は、ありのままの真実に背いて生きる私たちの無明煩悩にあります。

とお示しになりました。ここでは、浄土真宗本願寺派の運動にとって重要であり続けた、「社会課題とみ教えをいただく私たち一人ひとりを繋げる」という視点を、具体的な課題を提示された上で、「社会課題の原因の根本は私たちの無明煩悩」にあるというお言葉で述べられ、み教えをいただく私たち一人ひとりが、浄土真宗本願寺派宗制に掲げられる「自他ともに心豊かに生きていくことのできる社会の実現に貢献する」という理念・目的を達成するために、活動を展開していく必要性を示されています。

実践目標と具体的な活動

以上のような要因をもとに、二〇一五年以降約三年間にわたる僧侶・門信徒を含めた多くの方々との対話・議論を経て、統一の実践目標〈貧困の克服に向けて～Dāna for World Peace～〉――子どもたちを育むために――が策定されました。

では、実践目標が策定され、具体的にどのような活動がなされているのかについて触れたいと思います。

まず、統一の実践目標が設定されたことが、新たな活動を生みだしただけでなく、既存の活動を後押しした、あるいは、既存の活動に新たな展開を生みだしたということです。例えば、浄土真宗本願寺派仏教婦人会総連盟では、一九六五年から「ダーナ活動」を推進し、その中で「ダーナ献金」としてユニセフへの支援を行っていましたし、教区・組・寺院でも、統一の実践目標が設定される以前から子ども食堂やお寺おやつクラブ、学習支援などが行われていました。こうした諸活動が、実践運動と関連を持ちながら推進されたことで、例えば、子ども支援を行うＮＰＯ団体や行政との連携、寺院を中心とした地域住民の連携を生みだしています。このことは、「従来の枠組みを超えた多様な活動を、より広く実践していくことをめざし」（「御同朋の社会をめざす運動」（実践運動）総合基本計画・重点プロジェクト）と述べられる実践運動の目的が具体化しているという点からも注目すべきです。

また、様々な活動が展開される中で、実践運動の歴史に見られたような寺院や僧侶の役割の問い直しにつながっていることも注目すべきです。例えば、「子ども食堂」開設による支援は、単に「貧困の子ども」に対する食事支援というだけでなく、地域の居場所づくりや食育など多様な意味が見出されています。

最後に注目すべきは、浄土真宗本願寺派全体が関わる活動であるが故に、短期間で一定の成果が継続的に出ているということです。実践運動が開始された当初からの活動として募金活動（「子どもたちの笑顔のために募金」）がありますが、毎年約二千万円を超える募金が集まり、専門の委員会を設置し、募金を複数の団体へ寄付することができています。

こうした諸活動に対し、浄土真宗本願寺派総合研究所では、実践運動の経緯やみ教えとの関連などを中心として僧侶、門信徒の方々を対象に研修会を行ったり、研究所での研究成果を宗派機関誌である『宗報』『本願寺新報』『めぐみ』などで発表しています。

『宗報』二〇二二年三月号には、二〇二一年度の研究成果報告として各寺院や僧侶が貧困問題に関わることと、国・自治体が行う貧困対策との連携の可能性を探るために「社会福祉制度」との関わりから貧困を取り上げた研究会、貧困対策として特に重要視される、「食」の問題そのものを直接取り上げた研究会の報告を行っています。

（浄土真宗本願寺派総合研究所上級研究員）

これからの葬送儀礼

溪《たに》　英俊《ひでとし》

お葬式は要らないのか？

二〇二〇年初頭から、日本においても急速に感染拡大した新型コロナウイルス感染症によって、私たちの生活は大きく変化しました。日常も大きく変わりましたが、非日常の部分も、否応なく変化せざるを得ませんでした。例えば全国的に有名なお祭りなどが中止となったことも、記憶に新しいと思います。

そのような中、私たちが避けることのできない死にまつわる仏事――お葬式も、大きく変わりました。もともと二〇一〇年に宗教学者・島田裕巳氏の『葬式は、要らない』（幻冬舎新書）が刊行され、「葬儀不要論」が再燃したのです。

再燃と書いたのは、それまでにも京都大学名誉教授・稲田務氏、医学博士・太田典礼氏が『葬式無用論』を刊行しており、この種の主張がたびたび起きていたからです。この変遷については、『浄土真宗総合研究』第八号に収録された「『葬儀不要論』の研究――戦後から近年までの変遷をめぐって――」に詳しく述べられています。

そのような「葬儀不要論」に対して、『宗報』二〇一〇年六月号では巻頭言に「葬儀は、人間が人間であることの証し」という文章が掲載されました。そこには、

浄土真宗の葬儀では、ご開山《かいさん》さまのご和讃、「本願力にあひぬれば　むなしくすぐるひとぞなき」（『註釈版聖典』五八〇頁）を読誦する。浄土真宗の葬儀とは、ご本願に出遇い、お念仏とともに浄土に往生された故人を讃え、同時に故人に縁を結ぶ人たちも、同じくお念仏の人生を歩むことを再確認する「仏縁」なのであって、仏徳讃嘆《ぶっとくさんだん》と、ご本願に出遇えた感謝の儀式が「浄土真宗の葬儀」なのである。遺族にとって、悲しい逆縁を仏縁として受け止める尊い機縁であり、さらには、お互いが支え合って生きていることや、人と人とのつながりを味わうことのできる場でもある。葬儀は、故人にとっても遺族にとっても、それぞれ、人間が人間であることの証しである。

（『宗報』二〇一〇年六月号、巻頭言、満井秀城）

と記されています。浄土真宗のお葬式は、仏さまを讃えることと、私を救ってくださる阿弥陀さまの願いに出遇えた感謝の儀式であるといわれています。

ここで、一つ考えなければいけないことがあります。お葬式は、浄土真宗が始まる前から、いや、私たち人類が誕生した頃から行われていたということです。例えば約一万二千年前のイスラエル北部の遺跡から、花や装身具で飾られたお墓の跡が見つかっています し、中には何らかの儀式の跡と考えられるものもありました。死者を弔うことは、有史以前より行われていたのであって、浄土真宗が始まったから、お葬式が行われるようになったわけではありません。もともとお坊さんが存在しないお葬式が行われていたところに、お坊さんが関わるようになって、それぞれの宗派の教えに基づいて意味づけをしてきたわけです。

ですから、浄土真宗のお葬式というのは、人類が有史以前から持っている弔いのこころをあらわした普遍的な部分と、浄土真宗という教えに関わる部分の大きな二つの要素を持っているということになります。人類に普遍的なお葬式を、浄土真宗的に行ってきたのが、「浄土真宗のお葬式」といえるでしょう。

浄土真宗のお葬式とは

現在の浄土真宗のお葬式の形式は、第八代宗主・蓮如上人のお葬式が基になっているといわれます。蓮如上人はご自身で、お葬式の次第を定められました。

それでは、浄土真宗のお葬式は、どのように考えたらよいのでしょうか。お坊さん向けの『「浄土真宗本願寺派　葬儀規範」解説』という本には、

阿弥陀仏の本願真実の教えによびさまされ、生死を超えた大慈悲の中に摂め取られていることを信知する機縁となる

（『「浄土真宗本願寺派　葬儀規範」解説――浄土真宗の葬送儀礼――』二頁）

と書かれています。浄土真宗のお葬式は、仏さまを讃えることと、私を救ってくださる阿弥陀さまの願いに出遇えた感謝の儀式ですが、これは浄土真宗という教えに関わる部分の要素といえるでしょう。

一方、人類の普遍的な部分の要素について考えると、これまで、いわゆる〝習俗〟とし

てひとくくりにされ、ややもすると切り捨てられてきたように思います。

もちろん、明らかに浄土真宗の教えに反する要素――例えば、死をケガレと考え、清めの塩を撒く――といったことに対しては、毅然とした態度で臨むべきでしょう。他方で、浄土真宗の教えでは説明できない要素について、どのように対応していくかということが課題となるのではないでしょうか。

そのような視点に立ち、二〇一〇年八月から、シリーズ「葬送儀礼の問題を考える」が『宗報』に連載されました（全六回）。その中で、それぞれの地域などで継承されてきたお葬式について、①真宗教義によって、後づけの解釈が可能な要素、②明らかに、真宗教義に反する要素、③真宗教義では説明できない要素の三つがあると分類し、

①は真宗儀礼として厳修し、②に対しては、毅然とした態度で臨むべきでしょう。問題は、③の事例です。真宗教義では触れられていない要素に関して、どのように対応するかです。換言すれば、真宗教義では触れられていないとして切り捨てるか否か、が問われているのです。

（『宗報』二〇一〇年八月号、二二頁）

と指摘しています。そこで、「中陰《ちゅういん》が三月にわたってはいけない」といった風習や、葬儀の花、喪の色、お位牌などについて論じられました。連載の中で、

「真宗ではこうするのだ」と形式だけを強要しても、かえって教えと門信徒の方々との関係を乖離させる結果となるように思われます。この両者の距離感をどのように調整するかが重要な問題と感じます。

（『宗報』二〇一三年三月号、一七頁）

と、浄土真宗の教えと、実際に行われている儀式の内容について、それぞれの現場での対応が求められていることを指摘しています。

その五年後、二〇一八年五月、新たに「『考えさせられる』葬儀」という連載が始まりました。この連載では、特に今日のお葬式に関係するような問題点について焦点を当てて、分析や研究会の報告がまとめられています。ちょうど8050問題などが、メディアで多く取りあげられるようになった時期でもありました。また、少子高齢化や生涯未婚率の増加などは、誰かが看取ってくれることを前提とするお葬式にも、大きく影響しています。さらに、新型コロナウイルス感染症による影響についても取りあげられています。

このように、現代の社会問題ともリンクさせながら、葬儀の問題について論じています。

また、エンディング産業展という葬祭業界の展示会に出展し、アンケート調査も行いました。お葬式やお墓・納骨堂などに関係する業界の方が来場される展示会なので、お葬式にも関心をお持ちの方がほとんどでしょう。そこで、「葬送儀礼における宗教性について」尋ね、回答者を①エンディング産業関係者、②宗教者、③一般来場者、④その他・不明の四つに区分して、分析しました。その結果からは、お坊さんなどの宗教者と、葬祭業者や一般来場者の方との間に「意識のズレ」があることが指摘されています。そして、

時代的な変化に対し、何もしないのも問題ですが、同時に、社会の変化に応じて迎合するだけでは、大切なものも失われてしまいます。このように今日の宗教者は、大切なものを守りながら、時代的な変化への対応が求められる、厳しい状況に置かれている、といわざるをえません。

しかし、そのような現状であるからこそ、少しでも良い葬儀となるために宗教者としては、まずはそうした「意識のズレ」をしっかりと認識することからはじめ、これからの葬儀に臨みたいものである、と改めて考えさせられました。

（『宗報』二〇一九年九月号、四五頁）

と、まとめられています。

亡き人をご縁として

　近年、お葬式は縮小傾向にあります。遺された人たちの迷惑や経済的な負担になりたくないという考えも、その背景にあるようです。さらに、新型コロナウイルス感染症の影響で、現実的にお葬式ができないという状況もありました。

　もちろん、経済的に困窮してしまっては問題です。また感染拡大につながるような状況では、お葬式のやり方も考えなければなりません。そこで、浄土真宗でお葬式は何のために行うのか、という基本に立ち返ってみると、「それでは、このようにしよう」という発想が生まれるのではないでしょうか。

　一つのエピソードが、その参考になるように思います。あるお坊さんから、次のような話を聞きました。小学校一年生の男の子が病気で亡くなったそうです。亡くなる一週間前に、お父さんに訊ねたそうです。「お父さん、僕死んだらどうなるの？」と。お父さんは、そのとき「そんなこと考えなくていい。がんばれ」と答えました。一週間後に、その子は息を引き取りました。お父さんは亡くなった男の子の写真を見つめながら、お仏間で一人涙を流されたそうです。そして、なぜあの時、「がんばれ」としか言えなかったのか。息子はそんなことを聞こうとしたのではなかった。自分の死、「いのち」の行く末を訊ねたのだと後悔したそうです。

これがご縁となって、お父さんはお寺参りをするようになりました。そして自分が仏縁をいただいたのは、息子のおかげだったと、先立った我が子に感謝するようになったそうです。

大切な人と別れることは、何よりも辛く、悲しいことです。時間とともに和らぐという人もいるかも知れませんが、その悲しみは決して消えることはないでしょう。けれども、先立った方は、仏さまの世界に生まれておられます。それだけではなく、今、仏さまの世界から私を導いてくださっているのだと受けとめたとき、ただ辛く、悲しい別れで終わらない世界がひらかれます。

これからの浄土真宗のお葬式

浄土真宗の教えから考えると、阿弥陀さまのはたらきをいただいたひとは、この世界でのいのちが終わると同時に、仏さまの世界へ生まれます。けれども、どんなに教えを理解していたとしても、大切な方のご遺体を前にすると、冷静ではいられないでしょう。

一般的にお葬式とは、生者がこの世界との関係を断ち、死者としてあの世へと旅立つ儀式――亡くなった方をこの世から、あの世へと送る通過儀礼――だと考えられます。浄土真宗のお葬式にも、そのような側面があります。

けれども、それだけではありません。死で終わることなく、亡くなられた方が仏さまとなって、阿弥陀さまとともに今、私たちを導いてくださる、そのような宗教的世界がひらかれます。

お葬式には浄土真宗という教えに関わる部分と、普遍的な部分の両側面があります。

宗教離れが指摘される現代社会において、これからの浄土真宗のお葬式を考えるときには、その両側面のバランスを考えることが大切なのではないでしょうか。

（浄土真宗本願寺派総合研究所研究員）

結びにかえて
――「つながり」を問い返していくために

寺本知正《てらもとともまさ》

『新時代の浄土真宗』第二部では、本願寺派がこれまで取り組んできた活動のそれぞれを、総合研究所研究員が紹介しました。導入として、前総合研究所副所長である藤丸智雄先生から、仏教・浄土真宗が社会とつながる基本的立場として、「ともに」を考察いただきました。そこで論じられているように、仏教、ことに大乗仏教とは、「ともに仏となっていく道」です。私たちは、自らをつきつめれば、たった独りでこの世のいのちを生きていますが、また、その独りっきりのいのちは、大きなつながりの中にすでにあるからこそ、生かされているいのちでもあります。私たちは、すでに「ともに」生きている。この世に生まれ落ちたそのときには、すでに大きな世界の中に生かされている、それが私たちのいのちです。

そのような元来にありながら、しかし、私たちはそうあろうとしません。その元来に背き、その元来から逃げ、一人ひとりのいのちを傷つけて、「ともに」生きることをさまたげています。それが、私たちの現実のありようです。そのありようの一つが、社会です。いま、仏教・浄土真宗が、いかに社会とつながり、いかに社会に働きかけていくかと問い、社会での活動に取り組んできた原動は、そこにあります。元来ともに生きているはずが私たちはそれをさまたげ、また、仏教・浄土真宗とは、あたかも社会とは切り離された高貴な世界での営みであると、ともすれば思われてきました。であるからこそ、私たちは「社会とともに」生きていくためのつながりを、あらためて問い返しているのです。

気候変動問題は、しばしば現場のない問題といわれます。明確な被害者と明確な加害者が、ある事件の現場のように見ることのできない困難さが伴う問題という意味合いです。一人ひとりが被害者であり、同時に加害者でもある問題といえるでしょうか。しかも、その被害の実態がはっきりと現れてくるのは、今の子どもたちが大人になり、また、今はまだ生まれていないいのちがこの世に生まれ出る将来になってからです。気候変動問題は、私たちの今の行いの結果を、今に全く責任のない将来世代が負わなければならないという問題です。私たちは、この同時代をともに生きることさえ十分に果たせていないことに加え、未来世代とも今「ともに」生きているのだということに、いかに背を向けているかということができるでしょう。

多様性は、まさしく「ともに」生きることの問題です。私たちは、自分の持つ価値観の中で生きています。その価値観は、時代や地域、文化によって広く共有されたものであるがゆえに、その特定の価値観の中に私たちが生きているのだということに、私たちはしばしば無自覚でいます。その価値観が当然のものであり、その価値観から外れたものは以《もっ》ての外《ほか》であると考えてしまいます。

以ての外である、論外であるとされたものにとっては、その社会で生きていくことは、大変な苦しみと制限を伴うことになります。異なる価値観の人と、いかに「ともに」生きることができていくか。お互いの価値を認め合い、尊重し合うことが、第一歩であることは間違いありません。しかし、このことを、尊重し合うといった心の態度の問題にとどめてしまう限りは、お互いに干渉しないという無関心に陥ってしまうこともあります。

異なる価値観を持つ人を理解していこうとつとめるとき、その異なる人にとっては、私のほうこそが異なる人なのであるということ、その私は一体どのような価値観の中に生きてきたのかということをあらためて理解していくこと。他者を理解するとは、とりもなおさず、自分自身を理解していくことなのであると知るとき、私たちは、多様性の中で「ともに」生きていくことができる歩みを進めることができるのでしょう。

「無縁社会」という言葉が語られ出して、しばらくになります。これまでの地域や縁戚といった、人々を結びつけていた関係性が薄くなり、その結果、無縁と呼ばれる孤立した状態も生まれるようになってきました。無縁状態を積極的に生きる、「おひとりさま」という言葉も出てきました。一人でも楽しめる飲食や一人でも楽しめる娯楽を提供する店舗も続々と誕生しています。一人で迎える自分自身の死の後のこと、葬儀や納骨も「終活」（人生の終わりに向けた活動）のテーマとなってきています。逆に、望まない孤独・孤立も、社会全体の人間関係の希薄化や突然の状況の変化などによって増えています。こうした人間関係の希薄化は、いまになって急に現れた現象ではありません。戦後の業態変化と人口移動、また、ニューファミリーという言葉が象徴したように自らが理想とした結果という側面もあります。いずれにせよ、こうした希薄化の傾向が、これから劇的に変わるということは考えがたいことです。

つまり、人間関係は、これまでのように、同じ地域に住んでいることや、同じ血族に属することや、同じ会社で働いていたり、同じ学校で学んだりということだけでは、勝手に結ばれてはいかないということです。結ぼうと努力し、保とうと努力しない限りは、人間関係は結ばれません。この点では、日本社会は、人間関係はどこかから自然にもたらされるものと、まだまだ甘く見ている側面があるのかもしれません。こうした社会にあって、仏教・浄土真宗は孤立をどう捉えるのか、そして、私たちは、望まない孤立を防いで「ともに」生きていくためには何ができるのか。大きな課題を突きつけられています。

さて、私たち宗門には、戦争に協力していった過去があります。戦時中に戦争協力を指示する消息を出し、また、宗祖親鸞聖人の文書から天皇批判に結びつく部分を削除して読むことの通達などを出しました。平和への取り組みは、こうした過去にふたをしてしまっては、単なる観念の語りへと堕《だ》してしまいます。

観念の語りの中では、個人間の争論も戦争も同じ次元のものとして捉えるような愚かな語りが、しばしば繰り返されます。戦争と個人の言い争いとは、明確に次元の異なる事象であるということが置き去りにされてしまいます。一方では、多くの宗教が平和を語り、仏教も、怨みに怨みを以て応えてはならないという釈尊の言葉をはじめ、平和を語ります。なのに、なぜ他方では、戦争に協力したのでしょうか。平和という高貴な理想や観念が、なぜ現実には真逆のこととして現れてしまうのか、なぜ「ともに」生きるということを現実に拒絶したのでしょうか。

戦争という、生活のすべてを破壊し奪い、いのちをも奪う大規模な殺戮行為という現実を、まがうことなく現実の事実として受けとめるところからはじめなければなりません。過去の事実を自分自身の現実の問題として学び受けとめてこそ、はじめて私たちは現実の平和への取り組みの歩を進めることができるのです。そして、貧困は、戦争を引き起こす要因の一つとして注視すべき課題です。

また、日本社会は、総中流社会として長く賞賛を集めてきたのが、いまは、特に子どもの貧困に関して先進諸国の中でも最もひどい状態の一国になっています。経済格差が、いのちそのものの格差、人間の格差として現れています。「ともに」生きることを最も妨げているものの一つが、貧困といえるでしょう。

そして、儀礼に関して、儀礼とは宗教の中核をなすものです。世界に神学・教学をもたない宗教は数多くありますが、儀礼をもたない宗教はありません。儀礼とは、日常の私たちのさまざまな生活、学びや教えることさえも超えた、次元の異なる営み・出来事です。次元の異なる超越の側へのはたらきかけや表明であり、超越の側からの私たちへの現出を表すものであるからです。宗教の発生に関して諸説がありますが、その中の一つが葬儀・埋葬という儀礼から始まるという説です。いのちある生き物の中、人間だけが葬儀・儀礼を勤めます。人間だけが、いのちとは死んで終わるものではないということに目覚めたのです。逆にいえば、死んで終わらないいのちに目覚めたからこそ、人は人となったともいえるかもしれません。そのような、人のあかしともいえる葬儀にも、孤立によって、あるいは格差によって勤めることが難しい状況が出てきているのが、今日の社会です。この世での過去のいのちに思いをはせることをしなければ、未来のいのちへと思いをはせることはできません。

そうした、過去、現在、未来へと時を超えて、継続されていくことが儀礼の本質です。人としてのこの世でのいのちを全うし、その先の大きないのちへと生まれ変わる儀礼の本質を、現代社会で、今の人たちに伝えることが何よりの課題です。

私たちは、八百年の伝統の中にこれまでつながり続けてきました。伽藍《がらん》や荘厳などの形ある伝統としても、そして、慣習や共同体における営み、ものの感じ方や考え方などの形のない伝統としても、そうした八百年の歴史の中に醸成されてきた大きな伝統文化の広がりの中につながり、そして、これからもつながり続けます。この大きな伝統の中に、これまでは、いわゆる社会とのつながりを持ってこなかったのかといえば、決してそうではありません。

全国にある宗門系の学校の設立には「女子の教育」や「機会に恵まれない子どもたちへの教育」などの理念がうたわれ、戦後には戦地からの引き揚げ者のために寺院を開放するなどの「救済活動」がなされていたり、また、近江などの真宗地帯では世の中のための商売を説いた「商業倫理」が発達し、瀬戸内ではお逮夜《たいや》日《び》には漁を控えて生き物の「いのちを尊ぶ」など、浄土真宗は、理念を軸としても、これまでも社会とつながってきました。いまになって急に社会とのつながりや活動を言い出したわけではありません。これまでの理念をよりいっそう明確にして、「いのち」「平和」「環境」などの理念を軸としたつながりを問い直しているのです。

また、社会に対して善いことをしていると、良い気になって活動しているわけでも決してありません。『歎異抄』に次のような言葉が出てきます。

「ものをあわれみ、かなしみ、はぐくむなり。しかれども、おもふがごとくたすけとぐること、きはめてありがたし」

そこには、大きな悲しみや嘆きがあります。世の中の苦しみに、どれほど応えようと努めても、完全に成し遂げられることはない、どれほど助けたいと思おうとも、その心にさえ混ざりものがあるという、そうした社会と自分自身をみつめたときのいたみや悲嘆、慚愧の思いがあってこそのことなのです。

たとえ少しでも、たとえまねごとであっても。そして、必ずこの世を去らなければならない限られたいのちの中では何一つ完遂することはできないからこそ、救われて浄土に生まれ、さらには助ける仏のいのちとなって「ともに」生きていけることがありがたいのです。人びとと「ともに」、社会と「ともに」、そして何よりも、阿弥陀如来のはたらきの中に生かされていることに感謝する、そうした感謝と慚愧の生活のなかに、私たちは社会とのつながりを常に問い返しています。

（浄土真宗本願寺派総合研究所副所長）

第三部

これからの時代における仏教、浄土真宗が果たしうること（鼎談）

【登壇者】

釈　徹宗（宗教学者・僧侶）

宮崎　哲弥（評論家・仏教思想家）

寺本　知正（浄土真宗本願寺派総合研究所副所長）

収録日：二〇二二（令和四）年十月二十一日

場　所：本願寺　飛雲閣一層

撮　影：小林正和（山平舎）

構　成：染川宣大（ひとりパブリッシング）

伝灯奉告法要 ご親教「念仏者の生き方」に見るこれから取り組むべきこと

寺本　今回は親鸞聖人御誕生八百五十年・立教開宗八百年慶讃法要記念出版『新時代の浄土真宗』に際し、お二人の先生をお招きして、ともに学びを深めていきたいと思います。よろしくお願いいたします。

ときに、本書第一部でも詳しく触れられていますが、二〇一四年六月のご就任以来、本願寺第二十五代専如門主より、ご消息やご親教などで、大切なお示しをいただいております。二〇一八年の「私たちのちかい」については、釈先生に『「私たちのちかい」の味わい』（本願寺出版社）という小冊子でご解説をいただいていますね。

これらのお示しには、世界規模でも人類の存亡に関わるような困難の存在、そういった中で自他共に心豊かに生きていける社会の実現に努めたい旨など、これまでの浄土真宗のあり方からは一歩踏み込んだ形で、問題が山積している現代に真摯に取り組んでいくことこそが念仏者の生き方だと明確に示されています。参考までに引用させていただきます。

今日、世界にはテロや武力紛争、経済格差、地球温暖化、核物質の拡散、差別を含む人権の抑圧など、世界規模での人類の生存に関わる困難な問題が山積していますが、これらの原因の根本は、ありのままの真実に背いて生きる私たちの無明煩悩にあります。もちろん、私たちはこの命を終える瞬間まで、我欲に執われた煩悩具足の愚かな存在であり、仏さまのような執われのない完全に清らかな行いはできません。しかし、それでも仏法を依りどころとして生きていくことで、私たちは他者の喜びを自らの喜びとし、他者の苦しみを自らの苦しみとするなど、少しでも仏さまのお心にかなう生き方を目指し、精一杯努力させていただく人間になるのです。

国の内外、あらゆる人びとに阿弥陀如来の智慧と慈悲を正しく、わかりやすく伝え、そのお心にかなうよう私たち一人ひとりが行動することにより、自他ともに心豊かに生きていくことのできる社会の実現に努めたいと思います。

（西本願寺第二十五代専如門主　ご親教「念仏者の生き方」より）

さように、み教えに依って生きるということと、「世界規模での人類の生存に関わる困難な問題」とかなり踏み込んだ表現も織り交ぜながら、人々が心豊かに生きることのできる社会の実現に努めたいのだと、はっきりと示されています。

浄土真宗ひいては仏教は、ともすれば世の中の問題にさほど積極的に取り組むものではないという印象を世の中の皆さんに持たれていたところがあったかと思います。一方、私たちの宗門としては、けっしてそういうことはないんだと考えてきましたが、戦後、特に高度成長の時代をきっかけに、社会問題への明確な取り組みからは一歩退いてきた面はあったかと思います。

しかし、この二〇二三年の時点で改めて、先のご親教にありますように、私たちは浄土真宗として社会の問題に取り組んでいこうとしています。つきましては、宗派がとるべきスタンスや世の中の皆さんに求めるべき理解のあり方について、お二人にご指南、ご助言をいただきたいと、このたびの記念出版に際し考えております次第です。

釈　ご門主のお示し、そしてかなり踏み込まれた内容については、私どもも驚きをもってうかがっておりました次第です。たしかに近年は、仏教の社会問題への取り組みに関しては、世の皆さまから決して積極的ではないというような印象も受けていたかもしれませんね。

歴史を繙《ひもと》くならば、浄土真宗は弱者のための仏道という性格が確かにあり、立場の弱い方々と手を取り合いながら、往時の社会問題に立ち向かっていったという伝統もあったかと思います。一方で、ご信心第一主義といいますか、個々に信心をいただくことができるかどうかが何より大切なのだという教えにおいて、我々は所詮《しょせん》なにもできない凡愚である、さような論理に則るがあまり、社会問題には積極的に関わらなかった面もあったかと思います。

宮崎　ご門主のご親教につきましては、私も同様に「踏み込んだ」という印象を抱きました。さらにいえば、単に「踏み込んだ」というだけでなく、まず約二五〇〇年前のブッダ、釈尊の「目覚め」から説き起こされている点に深い感慨を覚えました。「念仏者」であることの前提である、「仏教者」であるとはどういうことかが端的に教示されているからです。

そうした上で現実においては貪《とん》（むさぼり）・瞋《じん》（いかり）・痴《ち》（おろかさ）の三毒を遠ざける生き方を説かれている。そして、その延長線上に世界的な問題を解決するための方途《ほうと》があるとお示しになった。権威主義国家の暴発や資本主義の暴走にしても宗教的次元における対処があるというわけです。

ただ同時に、浄土真宗は越前吉崎《えちぜんよしざき》（福井）においても、京山科《やましな》（京都）においても、摂《せっ》津石山《ついしやま》（大阪）においても寺内町を築き、僧侶や門徒のみならず商工業者も集め住まわせ

宮崎哲弥（評論家・仏教思想家）

ました。蓮如上人はそこで、穏やかで、節度ある資本主義を説き、後に近江商人に受け継がれる「自利利他」、売り手、買い手、世間の「三方よし」の精神を育んだとされています。

こうした、いわば仏教的な「資本主義の精神」の復興を目指されているように思われます。

釈　宮崎さんがおっしゃるとおり、浄土真宗はさまざまな地域で独自の経済倫理、商業倫理を発展させてきた現実主義的な面も備える宗派です。大阪の船場《せんば》の商業地域、富山の薬商、滋賀の近江商人などと真宗の関わりはよく知られるところですが、それらには日常生活を歩む仏道の性格がよく表れているのではないでしょうか。

宮崎　愛知県の碧南《へきなん》市などもそうですね。浄土真宗が盛んで、港をもつ街。そういった共通点がある土地ですね。そもそも、釈尊が生まれて生きた二五〇〇年前のインドは、世界でも稀有なほどに商業資本が蓄積され、貨幣経済が発展し、商家の人々が釈尊のもとに集い、積極的に信仰のある生活に入り込んだという史実があります。バラモン（祭司階級）やクシャトリヤ（貴族階級）ではなく、経済活動に長けたバイシャ（商人階級）を主とする釈尊のサンガ（出家信者の集合体）が往時の都市近郊に発生したわけです。そう考えると、先に挙げた地域をはじめとするところの真宗のあり方は、原始仏教の伝統を受け継いでいる姿だとかねてから思っているんですよ。

近年ではともすると、商業と真宗の考え、念仏者としてのあり方はおよそ結びつかない、水と油みたいなものだなんて認識もあるようだけどとんでもない。じつは両者の親和性は高い。商圏に根ざした真宗信者（門徒）の方々が商業を通じて、欲望のままに利潤を追わない、社会の格差を放任するような立場ではない、といった姿勢をごく自然に表してきたことは、仏教二五〇〇年の伝統によく則ったものだったとも思います。

釈　先に挙げた真宗の盛んな商圏地域は、まさに独特な文化を育み、真宗門徒ならではの心意気、経済観、職業倫理観を生み出し、生活や商業活動でそれを表してきた土地ですね。

宮崎　まさに在家のための仏教、在家が救われる仏道ですね。

釈　一方で、他力の教えとして、積極的に社会や他者に関わることを抑制する言説・傾向があったことは確か。私たちが他者に働きかけようとすることは、毒の混じった、自分の都合の混じった行為。自分がなにか善根功徳を積めるような心に陥ってはいけない。

真宗の教えは、自己内省の強い教えですから、自ずと抑制がかかる。だから社会や他者に関わることに否定的な言説もあったわけです。しかしながら、御誕生八百五十年、立教開宗八百年とふたつの節目を迎えるに際し、ご門主が明らかに仏教的利他の方向性を打ち出された。そういう意味では、伝統的な真宗の言説に慣れ親しんできた方々は、かなり意外な印象で受けとめられたのではないでしょうか。

宮崎　はい。現在日本や世界が抱える諸問題の根本には、「ありのままの真実に背いて生きる私たちの無明煩悩」がある、と仰せです。危機と不確実の時代であるいまは、仏の智慧と慈悲を広宣して、この状況を乗り切るべきだ、と。

仏教者、念仏者らしい自己抑制が大きな意味を持つ

釈 仏教の宗派をいくつか見ていると、真宗は、その幅広さや懐の深さとは対照的に、ともすれば一神教的な性格が強く、占いや易《えき》といった習俗を否定する、神仏習合に厳しく対峙するといった独特の様式をしばしば見ることができます。

宮崎 一神教的性格や一元論への傾斜はともかく、占卜《ぼくせん》や呪術、習合を否定する点は仏教の正統の証しだと思います。

仏教は、とりわけ融通無碍《ゆうずうむげ》な大乗仏教は、アジアを中心に世界に流布されましたが、多くの場合、何らかとの「習合」というかたちで根付いていきました。習合と明示しなくとも、土着の宗教や思想、習俗を「取り入れる」かたちで、教えの形態を、甚だしくは教え

の根幹を変容させてきた。中観仏教の純粋なかたちをいまに伝えるとされるチベット仏教すら、先在する土着宗教、ボン教の影響を断じ得ていません。さすがにスリランカ、東南アジアに伝わったテーラワーダ仏教は、かなり忠実に初期仏教のあり様を受持していますが。

そこを考慮すると、浄土真宗の「頑なさ」は貴重です。

本題に戻りますと、念仏者が社会を意識し、様々な問題に取り組むこと自体を否定するものではないのですが、宗教の言説《げんせつ》が過度に社会性や政治性を帯びていくことへの警戒も必要だと思うのです。

所詮、世間とは言説《ごんぜつ》によって仮に成り立っているわけで、仏教はそれを超越《ちょうおつ》した次元を目指していますから、あまりに世俗に介入的な立場を取ると齟齬を来たしかねません。宗教を単なる政治や社会運動に堕《だ》してはならないのです。

社会問題の解決が難しいのは、原理主義的に対処すると、他方でそれが新たな抑圧や対立、あるいは差別を生み出してしまう可能性がある。それが言説《ごんぜつ》によって仮設《けせつ》された世界(世間)の限界でしょう。中観帰謬派のチャンドラキールティは、この問題について「夢のなかの火事は、夢のなかの水で消し止める」と、述べています。世間が虚仮《こけ》であることを知りつつ、なお世間の問題は解決しなければならないという教示でしょう。

釈　徹宗（宗教学者・僧侶）

仏教者、念仏者はその限界を知り尽くしたうえで、なお危機に対処せねばならない。この抑制性は非常に貴重だと思うのです。

釈　念仏者らしさ。なるほど、たしかに自己抑制には長けています。

宮崎　言葉＝概念＝存在を常に「仮《かり》」のものと捉える。念仏者にとって真の世界はお浄土であるわけですし、仏教者一般にとっても世間を超えたところに真実義がある。「生存苦」は、根本的には「自己」の力のみによっては解消しないことを念仏者は知っているわけですね。その限りのなかでの働きかけでしょう。

釈　そうですね。これまでの歴史を振り返れば、在家仏教者の仏道として浄土真宗はすごく洗練されたものを構築してきたと思います。仏教者としての軸をしっかり持ちながら、社会の一員として生きる、そして家庭生活を営む。普通に社会を生きるための仏道ですね。

宮崎　まったくそうだと思いますね。禅や密教など聖道門系の宗派に比べると僧俗の境界がとても曖昧《あいまい》。

釈　たとえば、親鸞聖人という人は聖徳太子への思いがたいへん強い人でした。それは師匠の法然聖人をはじめ、他の祖師方との違いでもあります。聖徳太子って、在家の仏教者でしょう。太子のことを親鸞聖人は「倭国《わこく》の教主」と言っているんです。日本の釈迦ということです。インドの釈迦は出家者だけど、日本の釈迦は在家者なんですね。

親鸞聖人は僧俗を超えた仏道を見すえていたのでしょう。聖徳太子は「世間虚仮《せけんこけ》　唯仏是真《ゆいぶつぜしん》」、つまり世間は虚仮＝にせものだと言い切りました。親鸞聖人は「煩悩具足の凡夫、火宅《かたく》無常の世界は、よろづのこと、みなもつてそらごとたはごと《わ》、まことあることとなきに、ただ念仏のみぞまことにておはします」と言っています。つまり、火宅のように煩悩が燃えさかる無常のこの世界は、すべてニセモノ・うそであり、まことは一つもない。ただ「弥陀の本願念仏のみがまことなのだ」と。これも、仏法を軸にこの世界を生き抜く姿勢の表れですね。

宮崎　あー、その一節、私も引用したかったんだ（笑）。人々は、その「そらごとたわごと」を真実として生きているわけですね。ところが、ほどなく「そらごとたわごと」は無常の現実によって変滅し、それを拠り所としていた人々は苦しむことになる。しかしこれも「致し方なき」仕儀です。人が人である以上、このリミットを超えることはできない。従って、弥陀の本願に乗じるしか往生の道はないというのが浄土教の考えですね。ご門主も仰せの通り、私たちには「仏さまのような執われのない完全に清らかな行い」はできないのですから。

ただ歴史において、この「そらごとたわごと」が、書割《かきわり》めいた虚構が、あからさまに、全的に崩れ落ちる瞬間があります。例えば新型コロナウイルスによるパンデミックはそういう歴史的瞬間の一つだったといえます。

牢固なはずだった社会経済を動かす諸システムが脆《もろ》くも崩れた。市場は大混乱に陥り、会社や学校はその機能を停止した。交通も滞り、病院は輻輳《ふくそう》し、やがて逼迫した。商業施設は閉鎖され、イヴェントや催しものは次々に中止になった。

たった一個のウイルスの流行によって社会の大方が沈黙した。不確実性が世界を覆い尽くし、人々は自分の依って立つものが虚構に過ぎなかったことを思い知りました。

釈　そうですね。そして、さきほど宮崎さんがおっしゃった、私たち仏教者が言語に対して懐疑があるという話。これは、この世界は言語ゲームで成り立っており、その虚構性と常に対峙し続ける姿勢のことですよね。これは仏教者全般に共通すべき態度ということですね。

寺本　この世界のすべての物事は一瞬もとどまることもなく移り変わっている。つまり「諸行無常」の心。その一瞬ごとにすべての物事は、原因や条件が互いに関わりあって存在しているという真実。つまり「縁起」。こういった仏教の基本的真理観に立つならば、社会に流布する言語は信じない。さような解釈でよろしいでしょうか。

宮崎　私もそのように捉えています。もう一歩踏み込んで言うならば、「縁起」の法はともすると関係性を揚言《ようげん》するための言葉のように誤解されがちです。例えば、人は自存しないのだから、相身互い、人と人との「絆」を大切にしましょう、とかね。仮の世間を円滑に渡るためには、場合によっては認めていい教訓でしょう。

しかし、いまは良い意味になっていますが、そもそも「絆」という言葉は動物をつなぎとめておく綱のことを指します。仏教、とくに浄土教との関係が深いとされる歌謡集『梁塵秘抄《りようじんひしよう》』には「御厩《みまや》の隅《すみ》なる飼ひ猿は絆離れてさぞ遊ぶ」という歌がみえます。絆を解かれて自由に遊ぶ猿の姿がうたわれている。絆の別の読み方である「絆《ほだ》し」はもっとはっきりと束縛や手かせ、足かせを意味します。その動詞形「絆《ほだ》す」は束縛するの謂《い》い。「情に絆《ほだ》される」の成句は、「人情によって心や行いが束縛される」の義です。

近年、社会の「同調圧力」の弊《へい》についての議論が盛んですが、これこそまさに絆の悪しき側面だと思うのです。

縁起も同じで両義的です。世間の構成原理とするのは確かにもっともなんですが、同時にそれが人を規定し、拘束し、束縛するものであることも忘れてはならない。仏教は、縁起が「存在」や世間の存立機制であるとともに、縁起がもたらす被拘束性の「苦」から抜け出すことを目指す教えでもあるのです。

このことは最古の経典「スッタニパータ」第一章の「犀角経《さいかく》」、――「犀の角のようにただ独り歩め」の偈《げ》で名高い経――で明確に、徹底的に教示されています。まあ、先ほども言ったけど、それは人たるものを超える道なんですけどね。

釈　また、非人間的とも言えるかもしれない。少なくとも、近代ヒューマニズムとかじゃ捉えきれない。

宮崎　そして世間の言説《ごんぜつ》で規定される「善」や「悪」も超えてしまう。「善悪超越《ちようおつ》」ですね。

釈　世間のニセモノ性、自身のニセモノ性を認めて、いったん言語ゲームから降りた上で、再度社会や人間を考える取り組みに参加するからこそ考えられること。そういう道筋がたしかにあります。

とりわけ真宗は念仏だけが「本物」で、念仏以外に仏教者が行う善根功徳を含む他のものは「ニセモノ」で、という強い考えを真ん中に通わせながら、しなやかに多様に社会を生きてきた。そういった歴史的系譜やスタンスを思えば、さらに踏み込んでこの複雑な現代に関わっていくことはできるだろうと理解できます。

社会の隅々に入り込んでいく気風を持った宗派

釈　もう少し「念仏者の生き方」についてお尋ねします。社会問題に積極的に関わるというテーマを、「少欲知足」「和顔愛語」といった教えをベースに強調されたわけですよね。これは従来の浄土真宗の文脈ではあまり強調されてこなかったのでは、という声を私もしばしば耳にします。寺本先生にぜひお聞きしたかったのですが、これにより起きている議論は、研究所の皆さんにも聞こえているものですか。

寺本　よく似た話は、私どもも昨今よく耳にしております。ひとつ言えることは、我々は誰しも仏さまのような完全な存在ではありません。ただ、ご門主が表明されたものには、少しでも仏さまの真似事を、と心がけることが大切ということが内包されているように思います。一方、宮崎先生もおっしゃったように、私たちは絶対的な善と悪という対抗を認めるものではありません。世間の皆様から、非常に中途半端だといわれれば、そういう立場に過ぎません。

寺本知正（浄土真宗本願寺派総合研究所副所長）

宮崎　その中途半端なところがいいんですよ。

寺本　ありがとうございます。まさに、そういう中途半端なところに自身を位置づけることができる力が浄土真宗、ひいては仏教ならではの強みだと思っております。

ちょうどこの話題が出たことですから、両先生にひとつお聞きしたいことがあります。釈先生から、弱い者たちが手をとりあっていくのが浄土真宗というお話があったと思います。私自身も賛同するものですが、昨今、都市部でも地方部でも、手を取り合う環境が崩壊し、難しい状況にあると理解しています。そういった折に浄土真宗はどう関わっていけるのでしょう。

具体的には孤独や孤立、また自死の問題ですね。浄土真宗本願寺派の門信徒や僧侶が設立や運営に関わっている認定NPO法人の京都自死・自殺相談センター「Sotto」というものがあります。「そっと寄り添う」という意味でそういう名がつけられたのですが、そこでは念仏者がどのように対象となる人々と手をとりあっていけるのでしょう。これは最近、研究所でもよく議論になるところなのです。

釈　浄土真宗という宗派のこれまでを、少し振り返っただけでも、個別の寺や門徒の皆さんの活動で、身寄りのない子どもを育てたり、施設を営まれるといったものがけっこう見受けられます。あるいは、西光万吉《さいこうまんきち》さんのように人権問題に取り組んだ人物もいましたね。竹中彰元《たけなかしょうげん》さんのような反戦の人もいました。

浄土真宗とは、そういう社会の隅々に入り込んでいく性格、気風をもった宗派なんですよね。以前、さる社会福祉活動を長くされている方にお聞きしたんですが、「真宗の人はだいたいどこの領域にもいます」とのことです。いろんな領域に真宗者は草の根的に活動している。これは誇るべき特性でしょう。また、巨大伝統教団の果たすべき役割は社会の隅々にありますよね。それが「Sotto」のような活動やご門主の発言にも繋がっているものと感じます。

必要あらば真宗という宗派の枠を超えて、人々にアプローチしていく。そして、よりよい社会や個々の人生を目指す。ご門主の発言には、そういうメッセージもこめられているんじゃないですか。

宮崎　たとえば、自死の問題。そこには居場所の有無の問題や、生きていく意味が見出せないとか、現代的な孤立の悩みがあります。周囲がケアしていたら死なずに済んだであろう人も少なからずいる。

これを「悪」とか「善」とか決めつけてよいのか、と思うんですよね。ところが、キリスト教の伝統的姿勢は自殺に厳しい。自死は重罪であり、自殺した者の魂は永遠に地獄で苛《さいな》まれる。ダンテの『神曲』では、自死者は地獄で枯木に変えられて、永遠の寂寥《せきりょう》と苦痛とを味わいます。

この報いをみる限り、自分を殺すことは他人を殺すことよりも罪深いと言わざるを得ない。ダンテの看て取った通りです。現実にキリスト教社会では長い間、自死者は聖職者による弔いは許されず、墓所も与えられませんでした。

仏教も、特殊な場合を除いて、自殺を肯定するわけではありませんが、それを「悪」と裁断することもありません。

キリスト教は人の命は神のみが差配《さはい》できることであり、人が左右してはならないという格率があるのです。つまり自死は重大な越権行為に当たる。妊娠中絶に反対したり、死刑に反対するのも同じ論理によります。一見、中絶反対は保守的で、死刑反対はリベラルにみえますが、近現代の人権思想で割り切れるものではない。

仏教にはそういう「徹底した」生命観はありませんから、希死念慮者や自殺念慮者、自死者の遺族などに温かく寄り添うことができる。

釈　サヘル・ローズさんという、イラン出身で日本で長く活躍されている女優さんがいらっしゃいます。イラン・イラク戦争で家族全員亡くなって、自身も瓦礫《がれき》の中から奇跡的に救出されたという経験をお持ちの方です。その後縁あって、日本で養母の方と暮らされるようになったんですが、不幸なことに酷いいじめに遭いまして。十五歳の頃だったそうですが、何度か自死も考えたそうです。
先日ある機会にご本人からそういったお話をうかがって、「当時のサヘルさんにいま会ったら何と声をかけてあげますか?」と問うたんです。そしたら「死んでもいいよ、と言ってあげます」と。

宮崎　サヘルさんはイスラム教徒ですよね。おそらくシーア派の。イスラム教は伝統的キリスト教と同様、自死は絶対駄目教なんですよね。

釈　絶対駄目ですね。その折、たまたまお義母様がサヘルさんの日記を見て「死にたい」と書いてあるのを見つけたそうで。そしたら「生きるのがそんなに辛いなら、死んでもいいのよ。私も一緒に死んであげるから」とサヘルさんに言ったそうなんです。それで死なないことを決めたと。

宮崎　これはいささか逆説的なんだけど、「死んでもいいよ」という言葉が自死を阻《はば》むということですね。自殺を絶対的悪と決めつける姿勢から出てこない。ただ、鬱病等が原因で自殺念慮に陥った人に対しては禁物ですけどね。

釈　お義母さんが「死んでもいいのよ。そして、あなたがいないと私も生きるのが辛過ぎるから一緒に……」というのを聞いて、お義母さんが死ぬのは耐えられないから思いとどまったそうです。

人間って、不思議なところがあって、自分のためだけに生きるのはすごく困難だけど、「他者のために」という事態が加わると展開が変わったりする。「Sotto」の活動のエピソードで、さるお坊さんからうかがったお話もご紹介させてください。

本願寺の近隣で「いつでもご相談ください」と立て看板を掲げていたら、ひとりの若い青年が入ってくるなり「今から死ぬんです」と。「自死・自殺相談センターと書いてあるから入ってきたけれど、僕は死ぬ気は変わりませんから」と言うらしいんです。居合わせたそのお坊さんが二、三時間ほどですかね、男性と懸命に話し続けたけど、結局「気持ちは変わりません」とついに出ていこうとされたそうです。

そしたらたまたま、隣の部屋で御婦人方というかオバちゃんたちがダイレクトメールの封入作業をされてまして。それがまたものすごい量で、しかも当日はボランティアの方が休んでしまって、オバちゃんたちが「明日になっても終わられへんわぁ！」とひいひい言いながら作業されていたそうです。そこで、目ざとく当の青年を見つけたひとりのオバちゃんが何の迷いもなく「アンタ、暇やったらちょっと手伝《てつど》うて！」と自分たちの作業の輪に引き入れてしまった。

そのまま夕方まで青年は一緒になって封入作業を手伝わされて。とうとう、なんとか終わったんですね。そしたらオバちゃんたちが青年に「よかったわー！　おかげで終えられたわ。アンタ明日も来てなー！」と。青年は思わず「はい」と言って、そこから七年ずっと「Sotto」に来ているそうです（笑）。

サヘルさんの例もそうですけど、自死はただ駄目だと断じて諭すのでなく、単に社会のどこかとつながりを見出してあげるという方向や手法があると、これらのエピソードに見ることができると思います。

宮崎　さる宗派の若いお坊さんたちの前で講演したとき、こんな質問を受けました。「一人娘に自殺で先立たれて、打ち拉《ひし》がれている親御さんにどんな態度で接し、何を告げればいいのか」。当然、僧侶としての言葉を期待されてのことです。

しかし私はこう答えました。「娘さんは一生懸命悩んで、さんざん苦しんだ挙句《あげく》、自ら命を断ってしまわれたのですから、『よくがんばったね。もう苦しまなくてもいいんだよ、ご苦労さま』と声を掛けてあげなさい」。これに尽きると思います。

さらにどんな態度で接するべきかという問いには、「あなたの感じるままで構わない」と。動揺しているんだったら動揺したままそう伝えればいい。戸惑っているのなら戸惑いを隠さずにそう告げなさいと助言します。

僧侶といえども修行の途次にある者に過ぎないのだから、人の死、しかも安らかならぬ

「不遇死」を前にしたとき超然としている方が不自然。実感もできていないのに悟り澄ました風を装うのが一番よくない、と。

時代に即した新しい中間共同体重所属できるコミュニティへ

釈　同じように肉親の自死を巡って厳しい状況にあるご遺族の方々にもいくばくか関わってきました。あまりに悲嘆が深くてほんとうになんの言葉も届かない、一緒に泣くしか手立てがない方がやはりいらっしゃいました。私どもは自身の無力さにも泣けてくるわけですが。

そこではまた、彼らの悲しみのなかに入り込むことができない、自身の「異物感」のようなものに苛まれることがままありました。

宮崎　「異物感」を自身のうちに感取できるのは、お坊さんならではの経験でしょう。これはつまり「修行」の一つなのです。仏教者として、念仏者として向上していくための

「行」と捉えるべきではないですかねえ。だから「葬式仏教」には意味がある（笑）。

釈　そうですね。それは宗教者として果たす役割でもありますね。哀しみに固着している方々の前で異物たる自分。ただ、異物が入っていこうとするからこそ事態が動く、ということは何度も感じてきました。異物の強引ですらある介入を感じて、哀しみに張りついて動かなかった人が自ずからどこかへ動きはじめる。そういう経験は何度もありました。

宮崎　釈尊はむしろ、遺族の悲嘆を普遍性のなかに解消しようとしました。いうまでもなく、キサーゴータミーの挿話にこの姿勢がみえます。悲しみとしての「悲」を慈悲の「悲」へと転換することで、最高のグリーフケアにスイッチしているのです。

仏教徒にとっては、そもそも世間の方が異物なので、絆されずに疎隔を感じ続けることが深い自覚への道ではないでしょうか。

釈　ええ。ところで、社会といえば、孤立や自死の問題には、日本の社会的中間共同体が著しく痩《や》せていることが一因としてあるようにも思います。

宮崎　社会というのは、最小単位はもちろん「個」ですよね。個の自覚をもった人間が連携して社会共同体を形成し、営んでいくのが原則なのですよ。ところが日本的共同体、日本的世間は個の差異性を最初から押しつぶして成立し、維持されていく。「同調圧力」とか「空気」などと呼ばれる、見えざる力によって。従って、共同体や世間の羈絆《きはん》力が衰えると予《あらかじ》め押しつぶされた個の残骸だけになってしまうのです。

釈　はい。その意味では、日本は中間共同体の組み立て直しの最中だとも言えます。日本の中間共同体が、他の先進国に比べて急速にしぼんでいっているのが、データとしても確認されています。

かつての我が国の中間共同体は、地縁・血縁・職縁を土台にして形成されたものがほとんどで、ともすれば排他的で抑圧的な面も持っていました。差別もあった。でも、そういった共同体がどんどん機能しなくなっている。中間共同体が痩せると生きづらい社会になることも確かなんです。ですから、旧来型の復活ではなく、この時代に即した、新しい中間共同体が立ち上がるべきだと思うんです。

できるだけフェアで、分かち合うような、そういう共同体を立ち上げるべき状況に直面している。そして、孤独の問題については、私は最近、現代を生きる態度として「コミュニティの重所属」ということを考えています。ひとつだけでなく、あっちこっちの複数のいろんなコミュニティに関わる生き方が必要ではないかと。この場合、コミュニティの一つひとつはフェア&シェアを旨とするものであるべきなのですが、そういう意味ではいよいよ仏教の出番もあるのだと思います。

気概のある人ならばコミュニティを自分で作るというのもあり得るでしょう。趣味でもいいし、ボランティアでもいいし、学びでも癒やしでもなんでもバリエーションはあると思います。そのなかに宗教コミュニティもなんとか参戦したいなと。私が住職を務める如来寺（大阪府池田市）も、なんとかそういう「コミュニティの重所属」の選択肢たりえたいと強く思っています。

宮崎　近代以降の社会という場は、極端にいえば「互いにわかりあえないことを、互いにわかりあった」者たちによって営まれる。たまさか「わかりあえた」としてもそれは偶然であって、たとえ「わかりあえない」者同士でも何とか排除し合わず、協力してやっていくのが原則なのです。

この状況は近年では家族にすら及んでいます。親子であっても、夫婦であっても「わかりあえない」。完全に「わかりあえる」わけではない。とくに婚姻の形骸化はさらに進むでしょう。夫婦が愛によって結ばれたミニマルな共同体であるという和辻哲郎《わつじてつろう》的ロマンスは、本当にロマンスに過ぎなくなってしまった。まあ、仏教的にいえば、それこそ無常なる現実の一齣《ひとこま》に相違ありませんが。

しかし、こうした状況に「無縁」や「孤立」を感じ、寂しさを覚える人が少なくないんですね。

釈　そうですね。寺ならば、「信」を提供してこそのコミュニティですね。

宮崎　それが前提となった、多層的に重なり合うコミュニティが作り上げられるかもしれない。人はいくつもの層を成すコミュニティに帰属する。個のアイデンティティの拠り所はそれぞれのコミュニティに多元的に分散するのです。例えば宗教コミュニティもそれらを統合し、アイデンティティを基礎づけする中核コミュニティの一つであるべきでしょう。

キリスト教は、とくにメインラインのプロテスタントなんかは明らかにそうした社会の到来を予期し、それに適応できるよう再組織されています。だから彼らは「孤たること」を恐れない。

釈　そうですね、キリスト教は孤立を恐れないメンタリティを大事にしますね。

宮崎　「孤」であってもそれを「苦」と感じないし、「無縁」であっても「無援」ではない。門徒、俗家をそういうコミュニティへと徐々に再編していく必要があります。

よしんば「孤立」したとしても平気、という強い「個」の姿勢は、最後は信仰によって支えられる。そうすれば社会的な孤立や孤独による自死は減っていくはずです。

釈　宮崎さんがいつも取り上げられるスッタニパータ第一経の犀角経のように、志を同じくする友がいて、一緒に歩けるならすごく幸せなことだけど、突き詰めたら犀の角のようにひとり歩め、ということですね。と同時に、我々の社会が抱えている課題として、〝フェア&シェアの中間共同体〟は考えていかねばならないと思っています。

孤独にも耐えうる「個」の強い心を育てていく

宮崎　「犀の角のようにひとり歩け」というのは、基本的に出家者、修行者、比丘《びく》・比丘《びく》尼《に》のための戒めみたいなものです。在家や一般人向きのものではないと上座仏教のスマナサーラ長老もおっしゃっています。

例えば、あれには冒頭から「子を欲するな」とあるんですよ。

釈　家族の否定ですね。

宮崎　家族の存在を縁とすることを極力避けるというのが仏教徒としての理想的な生き方、「無縁」の生き方ですから、そういうことになるわけですが、しかし、浄土真宗は「致し方のない」生を生きるほかない者たちの仏教ですから、世間を渡るときにそこまでの理想を追わないのです。同時に「致し方なし」なのだけれども、――ご親教の一節を引けば――「阿弥陀如来のご本願を聞かせていただくことで、自分本位にしか生きられない無明の存在であることに気づかされ、できる限り身を慎み、言葉を慎んで、少しずつでも煩悩を克服する生き方へとつくり変えられていく」べきことを私たちは知っている。

釈　仏教ひいては宗教の本質的一面ですね。親鸞聖人も「阿弥陀仏の願いは私一人のためにある」と言われています。自分はこの道を行くが、あなたがどの道を行かれようとそれは自由。孤高にして実存主義的。これも浄土真宗の本質にあります。

もう一面として、浄土真宗はノーマライゼーションブッディズムとでも言いましょうか、ごく普通の社会生活、家庭生活を送ることそのものが自分たちの仏道だという、独自の在家仏道のあり方を展開していますね。

寺本　いま宮崎さんがおっしゃった、孤独にも耐えうる「個」の強い心を育てていく道も仏教の本質だろうと思います。ただ、ゆるやかな共同体の形成を目指しながら、その中で人と人とのつながりを柔らかに促すために我々は何を言うべきなんだろう、とも思うわけです。釈先生がいらっしゃる如来寺もひとつのコミュニティの役割を果たしています。

ひとつのお寺コミュニティの中核をなすものはもちろん「信」、私どもならば念仏の教えです。そこで、さらに寺が地域の皆さんがゆるやかにつながっていく方法や、つながらせる理念みたいものは何だろうと。たとえば、釈先生は認知症の方のケアを旨とする「むつみ庵」というグループホームを大阪府池田市で運営されていますね。

また本願寺派は「貧困の克服」をテーマに掲げ、寺を学習支援の場として開放しています。そもそも寺というのは寺子屋のみならず、様々に人が集まるコミュニティそのものだったと思います。これからまた新たにそういった場として再興していくにあたって、どんなスタンスや環境設定があるものかと日々考えております。

宮崎　そういう意味で共同性というものを考えるなら、仏教者の答えはただひとつ「ご縁」ですよ（笑）。さんざん批判しておいて、最後に「縁起思想」を持ち上げるのかと訝《いぶか》しく思われるかもしれませんが、こういう意味です。

「ご縁」によって成り立っている（成り立たせられている）自分が完全に救われるためには、その「ご縁」に連なるすべてのものが、すなわち一切衆生が救われなければならない。論理的にはそういうことになる。そうしないと悟りは完結しないわけです。「一切の生きとし生くるもの、幸いあれ」というスッタニパータの言葉の真義ですね。

釈　いまのＳＤＧｓなどの発想の根底には、明らかに、このまま人間が欲望を振り回し続けたらもう地球がもたない、という思いがありますよね。

世間を相対化する、異物性を失わない浄土真宗の考え方こそ仏教の本義

宮崎　仏教は、あえて括弧つきで言いますが「反進化」の思想だと思います。キリスト教などにありがちな、進化論を否定する宗教というのではありません。進化という現象が間違いなくあることを承認しつつ、そこに価値を見出さないということです。

キリスト教は十九世紀以降の「進化論」を否定しますが、進化そのものにはむしろ肯定的なのです。例えば旧約聖書の神は、人類に「産めよ、増やせよ、地に満ちよ」と命じ、その繁殖や盛栄を祝福しますが、初期経典のブッダは「子を持つな」と戒める。

もちろん釈尊であれ、ナーガールジュナ（龍樹菩薩）であれ、親鸞聖人であれ、ダーウィン以来の進化論など知るよしもありません。しかし、その思想の根底には明らかに「進化に反する」意思が込められている。

私は『仏教論争』（ちくま新書）という本のなかでこう述べました。「私たちの認知に深

く根を下す『実体志向』やら、『生存欲望』を完全に取り除くことは困難だが、仏教はあえてそれを説く。それが言うなれば『生命進化への反逆』。あるいは、進化の流れからの独立の宣言なのだ」と。

だから、ご親教にある「少欲知足」の言葉などは、単なる人生訓を超えてそういう人類史的な拡がりを持っていることを是非頭の隅に置いていていただきたいのです。

釈　ご親教には、宮崎さんがおっしゃったようなことも視野に入れられていると感じます。ご信心としての立脚点とともに、伝統教団の中にある人間としての責任も表明されている。私は宗教のあり方を説明する際に、絵画の遠景・中景・近景の技法・様式を例に用いることがしばしばあります。

宗教にあてはめてみると、遠景は聖なる領域。近景は自分自身や家族の問題。遠景と近景が直結するのが宗教体験です。そして、伝統教団の特徴は中景が分厚いことにあると思うんです。すなわち社会やコミュニティ、そして文化や芸術が中景ですね。これらは一朝一夕には分厚くならない。一方、原理主義やカルトは中景が貧弱なんですよ。この中景がないと、宗教間対話が成り立たないんです。

伝統教団はその中景を長い間維持していて、だからこそ社会的責任もだんだん増していった。もちろん、中景ばかりでかくて、遠景がやせ細ったら宗教本来の魅力、引力が損なわれてしまうでしょう。やはり宗教本来の役目は遠景にあるので。そのへんの取り組みの見極めが大事なんですけどね。

一方で宮崎さんは、浄土真宗のように常に世間を相対化するという姿勢、それこそが仏教の本義だともおっしゃっています。まさに、そういった宗派の性格がより社会に求められるタイミングだということでしょうか。

宮崎　先ほど釈先生は「異物」という言葉をお使いになられましたが、まさにその通りなのです。西洋史家の故阿部謹也《あべきんや》さんが『「世間」とは何か』（講談社現代新書）のなかで、真宗門徒は伝統的な「世間」の関係性を否定し、「世間」を超えて、個として「歴史」の直視に向かったと述べられています。

阿部は、日本人の「歴史」意識の欠如の原因を「世間」の支配的構造に見ます。「世間」とは呪術的な観念に支えられた贈与・互酬《ごしゅう》関係であり、そこで培われた原《げん》意識は、日本人の日常生活における行動文法から身体感覚までを制縛している。「世間」のなかに安んじてある限り、「歴史」は日々の暮らしとは無関係のドラマであり、人々はその観客としてある他ない。親鸞と真宗門徒を別として。

日本的世間の方からすると、その「異物」感に満ちた個の集まりが、「世間」の底を食い破り、やがて普遍に通じる通路を開いた、ということになるでしょう。

京都に長く住んでいると、熱心な門徒に出会います。この人たちはクリスマスを祝わず、正月に門松を立てたり、注連縄《しめなわ》を飾ったり、決してしません。習俗化した（世間の慣いと化した）キリスト教や神道由来の行事にまつらわない。そういう姿をみるたび、おお、「異物」性を失っていないなあと感嘆します。

釈　真宗門徒は、今でもそういう傾向が強いですよ。言葉遣いひとつでも、例えば「冥福を祈る」といった表現は使わない。そして、独特の横並びの感覚がある。

臨済宗の玄侑宗久《げんゆうそうきゅう》さんがいつだかお話しになっていたんですが、あちらこちらに講演に行かれるんだけど、「浄土真宗がいちばん嫌なんだよね」と（笑）。禅宗であれば、御講師がいらした！　というスタンスで皆さん聴いてくださるからとても喋りやすい。でも、浄土真宗の皆さんは、少しでも納得できないポイントがあれば「先生、それはおかしくありませんか？」と壇上に向かって声があがってくるそうで。門徒さんのそういうムードは、宮崎さんも私も共有してますよね。僧俗ともに横並び。そういうムード。

宮崎　そのへんはもう浄土真宗が随一だね。

釈　お清めの塩を使ったりしないとか。細かいところを言えば、たくさんありますよ。

宮崎　他宗の偉いお坊さんは行を積まれているためか、なかなか近づき難いところがある（笑）。

釈　その点、浄土真宗の僧侶は、親しみやすいでしょう。仏教会なんかで集まると、浄土真宗のお坊さんだけ、まるで間違って入ってきた近所のおっちゃんみたいな（笑）。他の宗派の方々はどっしりしているのに、浄土真宗の方だけはやたらと腰が低いとか（笑）。

宮崎　だから講演とか今日の鼎談もそうだけど、真宗さんはやりやすいですよ（笑）。そこはすごくいいなあと思う。

釈　次第に崩れつつあるようですが、独特の伝統をもつ地域もありますよ。無墓制の地域、つまりお墓は作らないとか。浄土往生を遂げためでたい日という意味で、お葬式に赤飯を炊くとか。そのように、独自の文化を作ってきて、ネットワークも構築されていたのですが、急速に真宗教団独特のエートスが失われつつある。そういった状況への危機感も、ご門主のお言葉には表れているように思います。

仏教徒が連綿と抱くゆるやかな同盟が戦いを阻み平和を育む

寺本　世界は今、ウクライナ戦争やミャンマーの内戦といった混乱、混迷が散見される状況にあります。先の大戦においては、浄土真宗も軍国主義に協力していた時期が確かにあり、戦後大きな反省と慚愧に耐えぬ思いから、戦没者すべての方々を追悼し、平和な世界を実現する決意を新たにする法要を行っています。

また、一九九〇年代には、戦中に当時のご門主が発せられた戦意高揚に寄与する声明を永久に失効させる決定や、天皇への不敬に当たるとして宗派の教学において削除した、親鸞聖人の『教行信証』中の後鳥羽上皇の誤りを糺《ただ》す記述を復旧する手続きもなされました。

そもそも仏教徒とは、殺すな殺させるなという理念があり、本来は武器を取って戦うことを絶対に認めない立場です。ただ現実的な問題として、ある国が日本を攻めたなら、武器を取ることなく、自分たちを守ることができるのかという問題も目の前に迫っていると思います。この状況について、仏教者としてお二人はどのように考えられているのか、ぜひおうかがいできればと存じます。

釈　本当のところを言うと、宗教がデカいことを言い出すとろくなことがないという面があります。例えば「世界平和」とか「人類普遍」とか言い出すと（笑）、宗教が内包している攻撃性が稼働したりするんですよ。草の根的に、目の前の人に、コミットするのが基本だと思うんです。

血の通った範囲、身の丈《たけ》に合ったところで機能するほうがいい、というところを押さえた上で社会問題に取り組む。その一方で、国家や民族という枠組みを守るための紛争は現実に起こるわけで、その事態に無関心であるわけにもいかない。

仏教の出家者の本義から言えば、たとえ国が滅び、目の前で人が惨殺されても非暴力となります。しかし、そのように実践できる聖者はなかなかいない。我々在家の者はなんとか協力・工夫して争いを回避し、平和状態を維持するための努力をしなければならないわけで。

宮崎　まあ、真宗にも、戦前は軍国主義や皇国史観に服従させられた歴史があったわけですね。しかし、親鸞聖人の主著の『教行信証』や聖人の伝記『御伝鈔《ごでんしょう》』など聖典の文言を削除するなどあってはならないことです。

真宗といえども体制の流れに身を任せてしまう歴史があったということ。その「歴史」を直視し、反省する必要がある。

仏教が戦争に関してどういう見解を持っていたかというと、寺本先生のご指摘の通り、アヒンサー（不殺生、不傷害）の原則があることは間違いない。しかし、すべての戦争行為を絶対的に禁じていたかといえば、どうもそうではなさそうです。

例えば中観帰謬派《ちゅうがんきびゅうは》の大論師《ろんじ》、チャンドラキールティ（月称《げっしょう》）は『四百論注』という書物で「戦闘において興奮して走り回り、悲を欠く故に他者に対し無悲の念を有し、殺すために他者の頭に眼を投じ、剣をふりかざし、敵によって殺される者が天に赴くことがどうしてあろうか」と述べています。戦場で興奮して、戦いに我を忘れるような輩《やから》は賞賛されるべきではなく、功徳はない、というわけです。

基本は反戦平和ですが、具《つぶさ》に読むと、チャンドラキールティは我を忘れ、慈悲心を欠くほど戦いに没頭することは非難していても、戦場に臨み、敵と干戈《かんか》を交えること自体は否定していない。

「平和」というのは、国家間の戦争の欠如のみを指すわけではない。強権、圧政、弾圧、抑圧、差別、暴力、極度の貧困、飢餓の放置など諸々の内部脅威によって戦争状態、人権保障が無化した状態をもたらすことは現にあるし、大いにあり得ることです。さらに権威主義的国家による侵略や占領、さらには国際秩序を根底から覆すような軍事的蛮行に抗《あらが》うための抵抗戦争ならば、より大きな戦争状態に陥ることを未然に防ぐために肯定できるかもしれない。

ウクライナ戦争は極めて異例のケースで、ああいう二十世紀的な覇権、侵略がこの時代に起こるなんて誰も予測していなかった。

釈　国連の常任理事国で、世界に対して責任のある立場の国が、ですね。中国によるチベットへの侵攻、ウイグルへの弾圧などと類することと言えますか。

宮崎　中国の覇権行為はまったく正当化できないし、そこで行われている蛮行も絶対に許してはならないと思いますが、チベット、ウイグルは中国内の自治区であって、独立した主権国家ではないのです。ですから、ウクライナ戦争と同視することはできない。

そうなると問題になるのは、独立に極めて近い状態に推移してきている台湾ですねえ。もしも中国が台湾への武力統合を強行すれば、おそらく東アジアに大規模な戦火が起こるでしょう。日本にとっては危機的状況です。何とか軍事侵攻だけは食い止めなければならないのですが……。

とにかくウクライナ戦争のように、侵略当事者が国連安全保障理事会の常任理事国となると、まったく機能しなくなる。国連憲章が予定してない事態です。だからNATO（北大西洋条約機構）のような集団的自衛権に基づく同盟が、秩序維持に大きな役割は果たすようになる。

釈　はい。それと世界規模のジャーナリズムのさらなる発達ですよね。ジャーナリズムがあったから、ガンジーの非暴力・不服従によるインド独立が成り立ったと思うんです。とはいえ、今回のように国連の主要メンバーがその挙に出ると、そのような手段が難しくなりますよね。

宮崎　第二次世界大戦の勝者、連合国による国際秩序形成、維持を支えてきた組織ですから、全面的改革がつとに求められていたのですが、こうも簡単に機能不全に陥るとは思っていなかった。

ウクライナ戦争は先の大戦後、最大のターニングポイントになりました。戦勝国による国際秩序から自由主義、民主主義の先進国による国際秩序形成へと流れを変えたのです。いうまでもなく自由主義、民主主義の国々とは、人権についての内部的脅威の水準の低い、戦争状態に陥る可能性が限りなく小さい国々と言い換えることができます。

釈　そうですね。今回のロシアの暴挙によって世界のパワーバランスも変わるでしょうし。やはり、国連もその役割を思えば、「国連改革」に本気で着手しなくてはならないという状況になっていますね。

宮崎　そうしなければ、このままでは国連憲章は空文化してしまいます。そうさせないために秩序の形成、維持構造を変革しなければならないのです。

釈　なるほど。そして核の問題ですが、いまのところ日本はＴＰＮＷ（核兵器禁止条約）に参加していませんが。

宮崎　ただ現政権（岸田文雄内閣）は、核不拡散にはとても熱心で、今年二〇二二年の八月、ニューヨークの国連本部で開催されたＮＰＴ（核兵器不拡散条約）の再検討会議では、核不拡散体制の維持、強化に向けて日本の行動計画を発表すると同時に、各国に「核兵器のない世界」を目指す建設的対応を求めました。この政権にしては、稀有の（笑）積極的貢献だったと評価できます。

釈　こういった現実的な問題に対し、宗派としては平和への取り組みも踏まえ、今どのようなお考えをお持ちなのでしょう。特に取り組んでいることはございますか。

寺本　ご門主のお示しを受けて、まず貧困への取り組みについてはじめたところです。全国それぞれの寺の活動の具体的なあり方にも、また教学の内容にも着手したばかりという状況です。平和を巡る問題についてては、宗派として何を積極的にできるかということについて模索している状況です。

釈　貧困がひいては平和を脅かす。そのようにお考えになっているということでしょうか。

寺本　そうですね。戦争に結びつく要因のひとつになりえると。ただ、そこまでは踏み込んだ取り組みはまだ行ってはいません。あくまで模索している状況です。

SDGs、経済成長と格差、山積する問題にどう対処すべきなのか

宮崎　貧困は確かに大きな問題で、戦争や紛争の原因にもなり得ます。ただし、これを解決するため、途上国並の経済水準まで押し上げようとすると、他方で地球環境の問題に衝突したり、文化的多様性の問題にぶつかったりする。なかなか難しい。

釈　そういうことですね。もっとも、化石燃料による二酸化炭素はほとんど先進国が排出したもの。そちらの抑制と、人類全体のバランスをデザインする必要があります。

宮崎　けれども、経済成長とエネルギー消費は相関性が高いので、化石燃料の使用を全面的に抑制するには、核融合のような技術的ブレイクスルーを待つ他ないでしょう。まあ、そうした非化石燃料の新エネルギーが開発されても、それを安定的に運用するためには時間が掛かるでしょうけどね。

釈　資本主義というのは、経済的格差が大きいほうが利益もでかいという面がありますよね。利益を目指す側の論理としては、格差が解消されるほどに利益獲得の機会を損失することになるでしょう。だから、強者はいつも新たな格差の場に進出していくということを繰り返している実情があります。

ひととおり皆に行き渡ったら、稼ぐおいしいところが減る。行き詰まってくる中、次のモデルが見当たりません。

宮崎　ただ経済成長率が落ちれば、格差はもっと拡がってしまいます。「皆で等しく貧乏になろう」式の疑似社会主義的理念が直ちに抑圧に転じてしまうことは、過去の歴史的経験から明らかです。凡夫や衆生が、一足飛びに仏教的進境に達するのは無理なのです。まあ、その方向に徐々に近づくしか人類を救済する道はありませんが。

釈　ＳＤＧｓのような提唱は、格差を拡大するグローバル企業のあり方とは、別のモデルを提示しようとできた面もありますよね。なかなかうまく機能しないのですが。

宮崎　ＳＤＧｓはミクロ的改善としてはよいのですが、マクロの状態の変化に繋がるとはいまのところ思えません。

ご先祖に思いをはせ　これから生まれる生命に心を延ばす　それが人間の責務

宮崎　中国仏教界は、習近平《しゅうきんぺい》政権とかなり密接な関係にありますね。それによれば習近平主席は、菩薩のような存在だそうです。

釈　菩薩ですか。先ほど寺本先生が触れていましたが、戦前には、天皇は阿弥陀仏の化身とまで言い切った名だたる僧侶もおりました。日中戦争以降の「八紘一宇《はっこういちう》」に謳われる、大東亜共栄圏の発想に基づいた日本軍の海外侵略に、理論的お墨つきを与えた仏教者や哲学者もいました。いわゆる京都学派などといわれる思想家たちも。

宮崎　時流もあるのか、京都学派などはいま学界、評論界で再評価が進んでいます。西田幾多郎《きたろう》、鈴木大拙《だいせつ》リヴァイヴァルの動向ですね。まさに私の批判対象（笑）。

釈　対照的な人物として、高木顕明《けんみょう》という大逆事件に連座して獄死した人もいました。浄土真宗は、じつに幅広い人材をもつ宗教でもありますね。

宮崎　京都大学といえば最近、三木清の未完の遺稿『親鸞』を読んだんですが、つくづく思いました。どうして吉本隆明や今村仁司《ひとし》、先に触れた阿部謹也など錚々たる知識人たちは、最後は親鸞聖人に向かうのだろうと。

釈　親鸞聖人はやっぱりどん底の人に響くんですよ。堕ちるところまで堕ちて、なにひとつ取るべき術《すべ》がないという人に対して、親鸞聖人は光り輝く。

宮崎　三木清は、他の京都学派の人々や大拙などとは異なる親鸞の思想像を打ち出しているんですが、思想構造自体は両者は似ているんですよね。

釈　浄土真宗の系譜を見ると、村上専精《せんしょう》、南條文雄《ぶんゆう》といった宗派を超えた活動をしながら、国の教育システムや仏教学、東洋学を深めたような面白い人が出ている。宮沢賢治が法華経に傾倒するきっかけになった『妙法蓮華経』を編んだ島地大等《しまじだいとう》などもそう。真宗や仏教の枠すら飛び越えるような、「異物」に次ぐ「異物」を生み出す土壌が、連綿と育まれているのがこの宗派です。と同時に、ある意味、真宗門徒における仏教徒としての純粋さは、キリスト教のピューリタニズムに近いところがありますからね。

宮崎　明治初年に政府から打ち出された、全国に拡大した廃仏毀釈《はいぶつきしゃく》が大きな契機だったと思います。神道国教化の推進などに、強い危機感を抱いた島地黙雷《もくらい》が伊藤博文らの欧州使節団と合流して、各国の宗教事情を視察したり、若く優秀な僧をインド、チベット、スリランカといった国々に積極的に留学させたりした。

釈　そういった人材を生み出すかと思えば、妙好人《みょうこうにん》と呼ばれる無学な市井《しせい》の人が、高僧もおよばぬ境地へと至ったりもする。あるいは、ミツトヨの創業者で仏教伝道協会を立ち上げた沼田恵範《えはん》、浄土真宗の私塾を運営するために起業したチチヤスの野村保、広島戦災児育成所を開いた山下義信《ぎしん》などといった人もいます。

宮崎　そうそう、それこそが浄土真宗の面白いところ。いずれもが、仏道を歩んだ人々です。そこには好ましき「同盟」がある。釈尊から二五〇〇年続く、ゆるやかで包容力がとてつもなくある「同朋」の関係です。

寺本　最後に、いま世界は環境問題、特に地球温暖化問題に直面しています。誰もが被害者であり、加害者でもあり、人間の生存そのものが危機に晒される深刻な問題です。それなのに、影響が見えにくいため、誰もが責任を感じない、あるいは感じたがらない。一方で、全く責任のない将来世代が、その結果を引き受けなければならないという、困難な状況に直面しています。

宗門もこれまでには、水資源の大切さを訴える活動などに取り組んできました。今も、地球規模で、さまざまな環境問題が起こり続けています。これらは、人類の未来を考えるうえで、避けて通ることができない、重大な問題であることは言うまでもありません。

あらためて、仏教と環境問題、お二人の先生は、どのように捉えていらっしゃるでしょうか。新時代の念仏者に向けたエールも含めて、メッセージをいただければと思います。


釈　仏教が説く「心と体を調えて、人間の過剰性と向き合う」という道筋は環境問題に方向性を提示することができます。もう人類の目指す方向はこれでしょう。

また、日本仏教は先立って行った人の宗教儀礼をずっと担当してきましたが、過去のどなたかへ思いをはせることは、同時に未来のどなたかへ思いをはせることでもあるんですよ。これは合わせ鏡のような関係です。

以前、林業の人に話を聞いたことがあるのですが、「私たちは祖父や曾祖父が植えた木で暮らしています。そして私は孫やひ孫のために、今、木を植えます」とおっしゃっていました。これは決して林業だけの話じゃなくて、人間にとっての責務だと思います。先立って行った生命へと心を延ばし、これから生まれる生命・これから育っていく生命に心を延ばす。そのことで、私が今、何を為すべきか見つめていくのです。

宮崎　理想的にいえば、衆生が仏教的自覚に達して、仮虚なる世間を、進化の夢を、経済的発展の幻を棄てるしかないのですが、まあ、簡単にそうならないことは、仏教史に照らして明らかですね。ただ「致し方なきこと」の限界を知らしめることはできると思うのです。ご門主の仰せのように「和顔愛語」で「少欲知足」を説いてゆく。これに尽きましょう。

寺本　本日は、ありがとうございました。

（完）

装　丁――萩原弦一郎（256）

新時代の浄土真宗

2023年4月3日　第1版第1刷発行

編　　者　浄土真宗本願寺派総合研究所
　　　　　浄土真宗本願寺派情報メディアセンター本部
発行者　村上雅基
発行所　株式会社ＰＨＰ研究所
京都本部　〒601-8411　京都市南区西九条北ノ内町11
　　　　マネジメント出版部　☎075-681-4437（編集）
東京本部　〒135-8137　江東区豊洲5-6-52
　　　　普及部　☎03-3520-9630（販売）
PHP INTERFACE　https://www.php.co.jp/
組　　版　株式会社PHPエディターズ・グループ
印刷所
製本所　図書印刷株式会社

ISBN978-4-569-85414-4